Punto de cruz

Una guía de iniciación paso a paso
para aprender las técnicas y motivos

CHARLOTTE GERLINGS

HISPANO
EUROPEA

Dedicado a Thelma M. Nye, editora de manualidades en la editorial B. T. Batsford Ltd. durante más de treinta años.
Por ser, además, amiga y asesora para muchos agradecidos autores y diseñadores.

Portada: botones creados y fotografiados por Sam Gillespie.

Contraportada de tejidos e hilos (véase la numeración a continuación): 1. *Tela Aida (tela entretejida).* **2.** *Cañamazo.*
3. *Hilo de bordar Anchor perlé.* **4.** *Hilo de poliéster de seis hebras.* **5.** *Hilo de rayón de seis hebras.* **6.** *Hilo de algodón de seis hebras.*
7. *Hilo a un cabo.* **8.** *Hilo metálico de bordar a mano o a máquina.* **9.** *Hilo metálico de bordado de varias hebras, borlas y cuerdas (divisibles).*
10. *Hilo metálico de poliéster de seis hebras.* **11.** *Hilo mate suave de algodón (en hebras).* **12.** *Hilo de bordar Anchor perlé, de colores variados.*

Materiales proporcionados y fotografiados con el permiso de DMC Creative World Ltd. (para más información, véase www.
dmcreative.co.uk) y Madeira UK (www.madeira.co.uk).

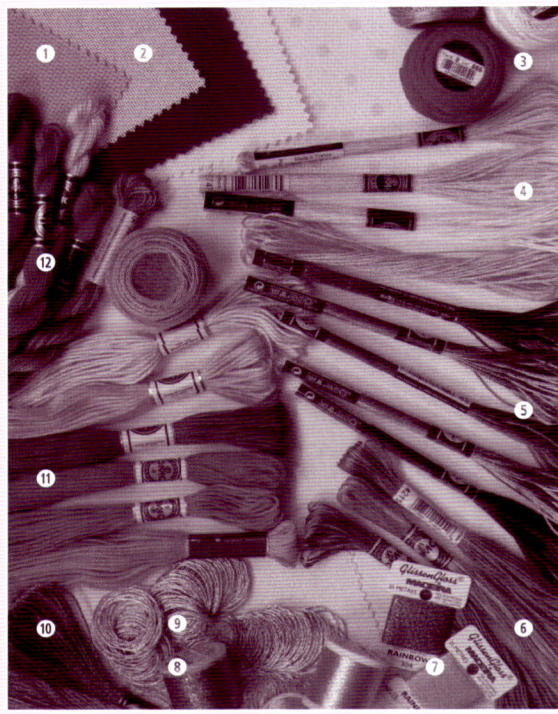

Título de la edición original: Cross Stitch

© 2012 Arcturus Publishing Limited
26/27 Bickels Yard, 151–153 Bermondsey Street,
London SE1 3HA

© de la edición en castellano, 2014:
Editorial Hispano Europea, S. A.
Primer de Maig, 21 - Pol. Ind. Gran Via Sud
08908 L'Hospitalet (Barcelona), España
E-mail: hispanoeuropea@hispanoeuropea.com

© de la traducción: Esther Gil

Consulte nuestra web:
www.hispanoeuropea.com

Depósito Legal: B. 1483-2014

ISBN: 978-84-255-2085-3

Impreso en España
T. G. Soler, S. A.
Enric Morera, 15
08950 Esplugues de Llobregat (Barcelona)

ÍNDICE

INTRODUCCIÓN

El punto de cruz es una de las formas más antiguas de bordado manual, muy popular en todo el mundo, y así sigue siendo. Es fácil de aprender, ya que el punto de cruz suele ser la primera manera de bordar que se les enseña a los niños, y además hay un amplio abanico de patrones, dibujos y letras que pueden realizarse siguiendo unas cuadrículas en las que cada cuadrado representa una única puntada. El placer que proporciona puede resultar bastante adictivo ante el desafío de diseños más extensos y con más colores.

Este libro se ha diseñado teniendo presente a los principiantes. Se explican los puntos básicos del punto de cruz, acompañados de numerosas ilustraciones para ir guiando al lector. Asimismo se incorpora la gama más básica de puntos de bordado de estilo libre para complementar el método. Ahora bien, también será muy útil para aquellas personas que aprendieron punto de cruz hace años y quieren retomar la afición. Hay secciones en las que se habla del material y de los distintos tipos de hilos y tejidos, además de proporcionar consejos sobre cómo leer los gráficos y crear propios diseños, incluyendo numerosos motivos y alfabetos que se pueden utilizar.

El arte del punto de cruz se remonta como mínimo a los siglos VI o VII, cuando se utilizaba para decorar el lino de los hogares con dibujos florales o geométricos, trabajados con simplicidad con hilo negro o rojo. Los trajes folclóricos, sobre todo del norte y el este de Europa, a menudo se decoran con diseños tradicionales similares. Las obras medievales de Asís y el trabajo en negro de la época Tudor eran muy preciados, pues desarrollaban diseños más complejos de esta misma técnica. Más tarde se introdujeron los muestrarios multicolores que tenían distintos propósitos: grabar los diseños o motivos, ya que no existían los libros de patrones, enseñarles a los niños a bordar y, por último, demostrar la proeza de las mujeres con la aguja.

En la actualidad, incorporamos diseños de punto de cruz en numerosos artículos, desde tarjetas a botones, puntos de libro, pisapapeles o cojines, pasando por proyectos de mayor envergadura, entre los que se incluyen elaborados kits con el diseño preimpreso que, puntada a puntada, con mucha paciencia, dejan todo un legado a las futuras generaciones.

PRIMERA PARTE:
MATERIALES

AGUJAS Y TEJIDOS

Las agujas se fabrican en distintos grosores según su uso. La siguiente tabla es una guía general del tamaño de las agujas que se necesitan para el punto de cruz, tomando como base un tejido Aida o de cañamazo. Cuanto más alta sea la numeración, más fina será la aguja. Las dimensiones pueden variar un poco según el fabricante.

AGUJA DEL...	TEJIDO	LARGO DE...	OJO DE...
18	Tela Aida de 6 agujeros / cañamazo de 10 agujeros	48 mm	10,0 mm
20	Tela Aida de 8 agujeros	44 mm	9,0 mm
22	Tela Aida de 11 agujeros / cañamazo de 22-25-27 agujeros	40 mm	8,0 mm
24	Tela Aida de 14 agujeros / cañamazo de 28 agujeros	36 mm	7,5 mm
26	Tela Aida de 16 agujeros / cañamazo de 32 agujeros	33 mm	6,5 mm
28	Tela Aida de 18 agujeros / cañamazo de 36-55 agujeros	28 mm	5,5 mm

MATERIAL

El punto de cruz requiere poco material, y el elemento más importante es la elección de unos hilos bonitos (*véase* la fotografía de la contraportada).

A Agujas

B Tejido

C Hilo (incluyendo el hilo de hilván)

D Tijeras de costura

E Tijeras de bordar

F Dedal

G Punzón para bordar: se trata de un pequeño puntero de metal o madera que ayuda a estirar los hilos a medida que se dan las puntadas (una aguja grande con punta redonda también servirá)

H Cinta adhesiva y cinta de doble lado

I Lápiz marcador para bordado

J Lápiz de tiza para bordado

K Papel de carbón para trazar los diseños

L Cuadrícula para crear los diseños

M Lámpara con bombilla de luz natural

N Lupa

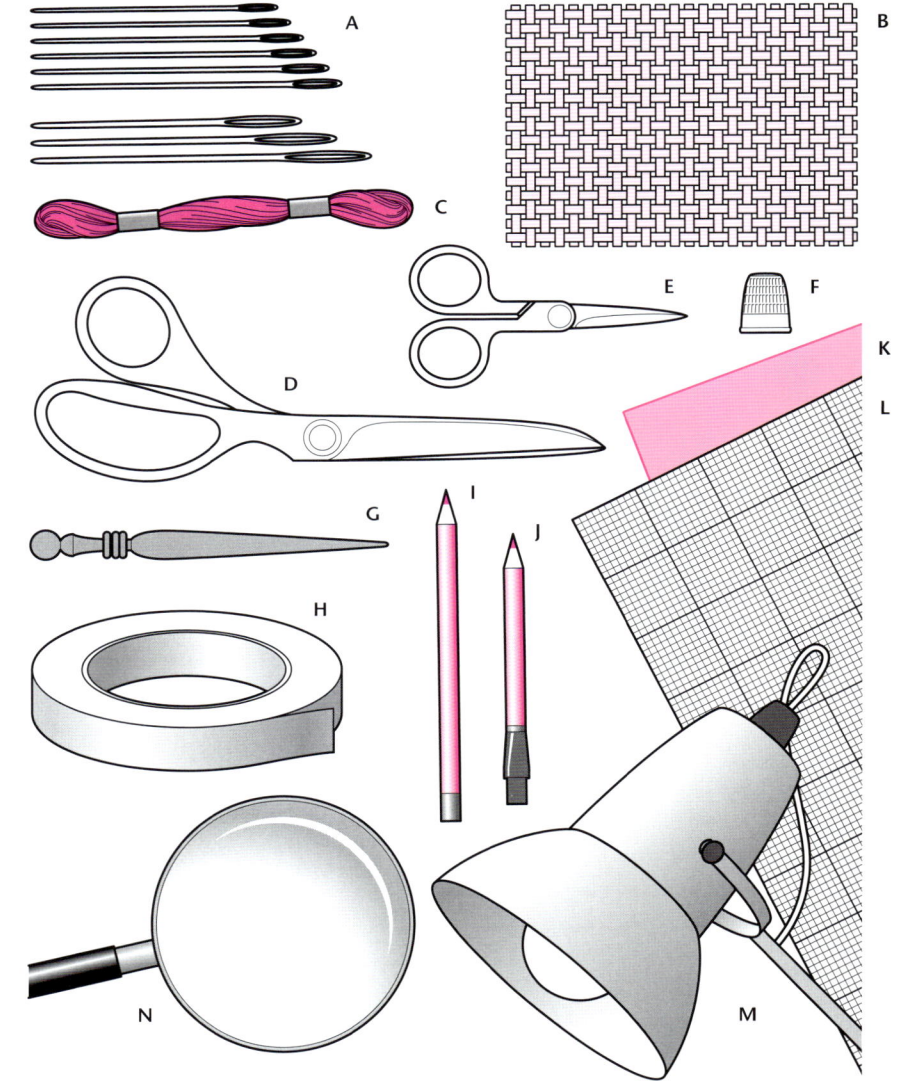

BASTIDORES Y MARCOS

Los bastidores no son imprescindibles, pero sin duda ayudan a mantener tensada la tela y facilitan el trabajo.

Los bastidores de bordado están compuestos por un aro interior y un aro exterior de madera o plástico. Primero se pone la tela sobre el aro interior y, una vez puesto encima, se ajusta una palometa metálica que aprieta el aro exterior.

El bastidor también puede incorporar un pie, para permitir que ambas manos queden libres para trabajar. Mucha gente sostiene que realizar las puntadas con una mano por encima y otra mano por debajo le resulta más cómodo que sostener con una mano el bordado, además de reducir los dolores o calambres que se puedan producir en las muñecas y los dedos.

Por lo general, a menos que el proyecto sea muy pequeño, es recomendable utilizar un bastidor de marco cuadrado en vez de un bastidor circular. De esta manera, en vez de tener que recolocar el bastidor a medida que se avanza, los marcos cuadrados, al ser más grandes, permiten tener todo el trabajo dentro de las barras.

Las marcas que deja el bastidor en un proyecto acabado pueden evitarse enrollando un bies en el aro interior y exterior, o bien poniendo pañuelos de papel entre el aro exterior y el bordado (sin que el pañuelo interfiera en la zona de bordado). También se puede quitar el tejido del bastidor cuando no se esté trabajando.

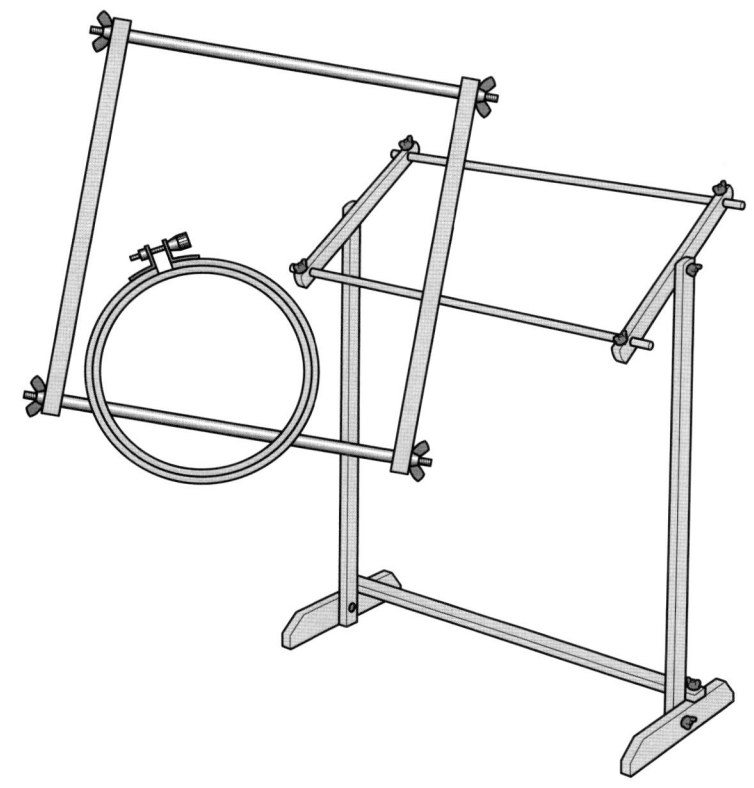

AGUJAS

El punto de cruz se trabaja con agujas de punta redondeada, también llamadas agujas punta roma, diseñadas para deslizarse por los agujeros de la tela sin separar el entramado. Tienen un ojal largo y ovalado (*véase* el dibujo de la página 5) para que quepan múltiples filamentos de hilo de algodón de bordado, además de otros hilos de artesanía como el algodón perlé y la lana para tapetes. Aquí aportamos otros elementos que pueden ser útiles tener en el costurero:

Punta redondeada

Punta afilada

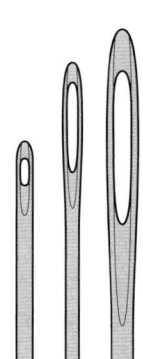

Afiladas. Agujas afiladas de longitud media con ojo redondo para costura en general con hilo de algodón o de poliéster.

Bordado o *crewel*. Se trata de agujas afiladas pero con ojos ovalados como los de las agujas para tapetes.

Chenilla. Agujas afiladas con ojos largos y ovalados, pero más grandes que las de bordado *crewel*. Se utilizan con tejidos pesados.

Milliner. Son agujas con ojos redondos, con un cuerpo igualado y la punta afilada.

Aguja de jareta. Se trata de grandes agujas con punta redondeada, o a veces aplanada, con un ojo lo suficientemente grande como para que pase una cuerda, una goma elástica o una cinta a través de jaretas y lorzas.

Los ojos pueden ser redondos u ovalados; los redondos son más pequeños y los ovalados largos son los más grandes. Aunque una aguja pequeña ayuda a realizar trabajos refinados, si el ojo queda demasiado apretado en torno al hilo o filamento, será difícil trabajar en el tejido e incluso podría deshilachar el filamento en el proceso.

La mayoría de las agujas vienen bañadas en níquel, aunque las hay de calidades muy diversas. A veces se decoloran o pueden dejar marcas en el trabajo si se dejan pinchadas en el tejido, así que lo mejor es apartarlas en cuanto se acaba. Las agujas con baño de oro y platino no se decoloran ni se oxidan, pero son más caras.

Hay gente que tiene un pequeño alfiletero relleno con arena que actúa como abrasivo y limpia las agujas cuando se clavan en el acerico.

HILOS

La mayoría de los hilos para bordar se pueden utilizar en el punto de cruz. Están disponibles en formas muy variadas: ovillos, bobinas o madejas.

Hilo Mouliné. Se trata del hilo de algodón más común. Consiste en seis hebras divisibles que vienen en pequeñas madejas.

Algodón perlé. Hilo brillante de dos hebras. A diferencia del hilo Mouliné, no puede separarse en dos hebras. Sin embargo, está disponible en diferentes grosores.

Algodón suave. Se trata de un hilo de algodón de cinco filamentos que no se puede dividir, como ocurre con el perlé. Durante su fabricación se peina para producir un hilo suave con el que sea fácil trabajar. Es una elección popular para que los niños aprendan a bordar con punto de cruz. Su acabado mate y sus suaves colores también lo hacen idóneo para proyectos con un estilo antiguo, como los muestrarios.

Hilo de rayón. Hilo de alto brillo de seis filamentos.

Hilo de rayón trenzado en Z (a la izquierda). Hilo brillante trenzado con cuatro hebras.

Hilo metálico. Existe una amplia gama. Son algo abrasivos y tienden a deshilacharse en los extremos.

Requieren una aguja con un ojo grande para hacer un agujero mayor en el tejido y reducir así la tensión, tanto en el hilo como en la tela. Por esta razón es mejor trabajar con longitudes cortas.

Hilos multicolores abigarrados. Teñidos en fábrica en múltiples colores o gradaciones de un mismo color en intervalos regulares a lo largo del hilo.

Hilos teñidos a mano. Están teñidos a mano utilizando uno o más colores; es posible que no se encuentren en colores muy claros ni muy estables.

Elige los hilos cuando haya luz natural puesto que la luz artificial intensifica algunos colores y apaga otros. Las fibras que elijas también serán muy importantes para aportarle la textura o el acabado que deseas a tu trabajo, y siempre deberías tener en cuenta el uso final de cualquier obra que bordes.

Puedes comprar tarjetas de colores, incluidas las muestras de hilos, de fabricantes importantes como DMC, Coats Anchor, Madeira y Kreinik. También se pueden obtener por Internet de otros proveedores.

Cuando utilices hilo trenzado, enhebra la aguja directamente desde la bobina o madeja antes de cortar la longitud requerida. Así te aseguras de que el trenzado del hilo está siempre en la misma dirección, dándole una apariencia uniforme a las puntadas.

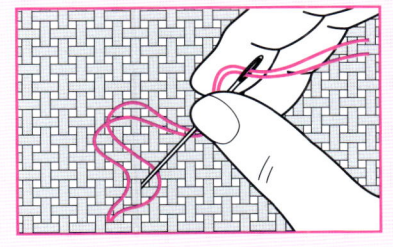

La técnica de lazada de separar y alisar las hebras del hilo a medida que se trabajan las puntadas. Al empujar la aguja en el tejido para realizar una puntada, pásala entre dos hebras.

TEJIDOS Y DENSIDAD DE LA URDIMBRE

La textura y el color que aporta el tejido son importantes. Los tejidos más utilizados para el punto de cruz son el cañamazo y el Aida, y ambos se fabrican en multitud de tonos neutros y en colores.

Aida

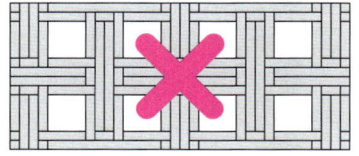

Este tejido de tramado está indicado para los principiantes debido a su construcción regular y sus agujeros visibles para dar puntadas. También aporta un acabado más rígido para poder trabajar con la mano, sin bastidor. Vale la pena tener en cuenta que las zonas que quedan sin trabajar tienen una textura más abierta que el cañamazo.

Si el patrón contiene puntadas en fracciones (página 22), tendrás que hacer un agujero adicional entre los que trae la ropa, realizando la puntada en la sección sólida del tejido.

5-6 u 8 agujeros. Son tejidos Aida de baja densidad, especiales para niños.

11 agujeros. A muchas personas les resulta difícil para su vista trabajar con una densidad de 14 hilos, de manera que prefieren un entramado más grande.

14 agujeros. Fácil de trabajar. Es la más utilizada en los diseños comerciales.

16 agujeros. Permite realizar trabajos más detallados que el de 14 agujeros.

18 agujeros. Tela Aida para obras más detalladas. Vale la pena probar con un diseño pequeño antes de embarcarse en un proyecto mayor, ya que al estar tan tupido podría resultar incómodo.

22 agujeros. Se trata de otra tela Aida para trabajar con pequeños detalles. Tradicionalmente se empleaba para el bordado con la técnica Hardanger y también es ideal para pequeños proyectos, como pañuelos para cubrir botes, pisapapeles o posavasos.

Cañamazo

Se denomina cañamazo a las telas naturales o hechas a mano que tienen el mismo número de hilos por pulgada (2,5 cm) contados vertical y horizontalmente. De esta manera, el punto de cruz queda cuadrado e igualado. Se suele fabricar con lino, como el de Belfast (32 agujeros) y el Cashel (28 agujeros) o con algodón, más económico, como Linda (27 agujeros) o Hardanger (22 agujeros).

El cañamazo suele tener un grosor uniforme, aunque en el lino puro es más desigual. El punto de cruz se trabaja sobre los hilos, de manera que se inserta la aguja en agujeros alternativos.

Cuanto mayor sea el número de hilos por pulgada (o centímetros), a veces se cuenta también como agujeros por pulgada, más fina será la tela y más pequeñas serán las puntadas. Un cañamazo de 22 agujeros permitirá 11 puntos de cruz por pulgada, mientras que uno de 32 agujeros producirá 16.

El cañamazo y el tejido Aida son intercambiables con la ayuda de un poco de aritmética. De manera que si un diseño requiere un cañamazo de 28 agujeros con puntadas sobre dos hilos de la tela, un tejido Aida de 14 agujeros requerirá puntadas en cada agujero. Del mismo modo, se puede sustituir un cañamazo de 32 agujeros por un tejido Aida de 16 agujeros y un cañamazo de 22 agujeros por un tejido Aida de 11.

Ambos tejidos se ofrecen en variedad de anchos y también en cintas más estrechas, con bordes acabados, para realizar puntos de libro, cintas para pasteles, cintas para la parte de atrás de las corbatas... Las cintas se suelen presentar en un ancho de 3 a 8 cm (1 ¾-3").

Lona

Se puede hacer punto de cruz con lana para tapetes o con hilo de algodón Mouliné sobre una lona de algodón o lino. Hay cuatro tamaños de mallas, de 10, 12, 14 y 18 agujeros, que son compatibles con cualquier diseño (hay que contar el número de agujeros de la lona, no los hilos). El acabado es rígido, de modo que proporcionan una base firme en la que trabajar. Las lonas se pueden comprar con una malla de hilos únicos (mono) o dobles (dúo).

Este último tejido también se llama lona Penélope, que puede utilizarse para doblar los agujeros y, al igual que el cañamazo, simplifica las puntadas en fracciones. Se pueden apartar bien los hilos dobles con una aguja gruesa de tapicería y después trabajar como si se tratase de un único hilo.

Tela plastificada

La malla plastificada está disponible en círculos y también en hojas con los lados lisos. Normalmente se trabaja con lana de hacer punto de 4 cabos o doble sobre 5, 7, 10 o 14 agujeros por cada 2,5 cm (1"). Al ser rígida, se puede cortar para realizar cajas, posavasos, decoraciones navideñas, marcos de fotos o adornos para llaveros.

Tejido mono   Tejido dúo (Penélope)   Tejido plastificado

CALCULAR LAS CANTIDADES

Para calcular la cantidad de tela que se necesitará en un proyecto, hay que añadirle un margen de unos 10-12 cm (4-5") en los extremos del diseño. En proporción, este margen será más pequeño si el diseño no mide más de 10-12 cm (4-5").

Una madeja de algodón de bordar tiene unos 7,5 metros de largo (25 pies). De media, se suele trabajar con una longitud de algodón de unos 45 cm (18"). Se consiguen unas 16 longitudes de trabajo con un grosor de seis hebras con una madeja y el doble si se divide en tres hebras. Se suele descontar una longitud de 45 cm en los inicios y finales y un poco más que se desaprovecha.

DISEÑOS Y GRÁFICOS. CÓMO INTERPRETARLOS

Los libros de patrones se hicieron muy populares en toda Europa y Estados Unidos durante el siglo XVII. En un principio, esos libros solo mostraban sus diseños con sencillos cuadrados negros o puntos, sin ninguna orientación sobre colores. En la actualidad, hay una gran variedad de patrones y diseños, que van desde los que emplean únicamente símbolos para los colores hasta los que se imprimen ya en color.

Aquí tenemos un motivo muy sencillo en forma de corazón. Cada cuadrado de la cuadrícula representa dos hilos de cañamazo o un bloque en tela Aida, y cada puntada ocupa un cuadrado.

■ rojo   ✕ azul   ◯ amarillo

Tamaño del diseño:
17 ancho por16 de alto

Nivel: principiante

Marcar siempre el centro de cada mitad del dibujo con una pequeña flecha. Aunque así puede resultar difícil centrarse en un diseño grande. Si el dibujo tiene un tamaño considerable, intenta dividirlo en una cuadrícula de secciones más pequeñas y márcalas con rotulador de color (*véase* la página 19).

Los símbolos pequeños en la esquina de un cuadrado indican un cuarto de puntada o tres cuartos de puntada (*véase* la página 22) y se pueden combinar dentro del mismo cuadrado. En ese caso, el diseño mostrará un cuadrado dividido en diagonal. Una media puntada se suele utilizar para darle tonalidad al dibujo o para que el color parezca más claro.

CREAR TUS PROPIOS DISEÑOS

Poder crear tus propios diseños amplía los horizontes del punto de cruz. La elección de temas es ilimitada y, con la práctica, cada vez te resultará más fácil visualizar el proyecto acabado. Un papel de cuadrícula resulta esencial. Si no tienes, también puedes escanear las cuadrículas de las siguientes páginas o hacer unas fotocopias. Asimismo es fácil descargarse por Internet papel de cuadrícula de diferentes medidas desde páginas web de artesanía y punto de cruz.

El número de puntadas de arriba abajo y de lado a lado es el que fija el tamaño del diseño. Además, hay que incluir también el fondo en los cálculos. Se empieza por dibujar el número de cuadrados requeridos en el papel. Por ejemplo, para un diseño de 30 cm (12 puntadas) se necesita trabajar con 168 (12 x 14) puntadas sobre una tela Aida de 14 agujeros. Si se trata de una tela de 11 agujeros, habrá menos puntadas, 132 (12 x 11), y muchas más si tiene 18 agujeros, 216 (12 x 18).

Hay que recordar que *con el cañamazo se trabaja con doble hilo, así que hay que dividir el número de hilos por dos* antes de empezar a calcular el número de puntadas requeridas.

Puedes pintar con colores en el diseño o, si prefieres trabajar el diseño en blanco y negro, decidir un sistema de símbolos que te permita interpretar los colores.

Las iniciales del punto de cruz varían mucho en ancho y largo dependiendo de las letras del alfabeto. Las letras mayúsculas G, M, Q, R y W son con las que hay que tener más cuidado, sobre todo si el diseño es pequeño, como cuando se trabaja con un llavero o un punto de libro.

Diseños digitales

Si te apetece crear un diseño con el ordenador y tienes el *software* necesario, los programas de gráficos de Adobe Photoshop se pueden utilizar para convertir una fotografía en un diseño para punto de cruz. También hay diseños en Internet de los principales fabricantes de hilos de colores que puedes elegir.

OBJETOS YA PREPARADOS

Hay muchos artículos que ya se venden preparados en mercerías y en tiendas de manualidades para decorarlos con punto de cruz, incluyendo tramas plastificadas que se pueden cortar para crear nuestros propios diseños (y muchas más ideas para cajas de formas como las de aquí abajo, *véase* la página 38).

Pequeños objetos como llaveros, tapas de botes, adornos para tijeras..., son un inicio muy alentador, ya que se puede completar enseguida un proyecto (véase la página 39). Como regalo podemos darles un toque personal al gravar las iniciales o un logo que nos guste o utilizar un color que combine bien. También se venden kits para hacer broches, monederos, posavasos, imanes para la nevera, espejos para el bolso, pisapapeles, colgantes y alfileteros.

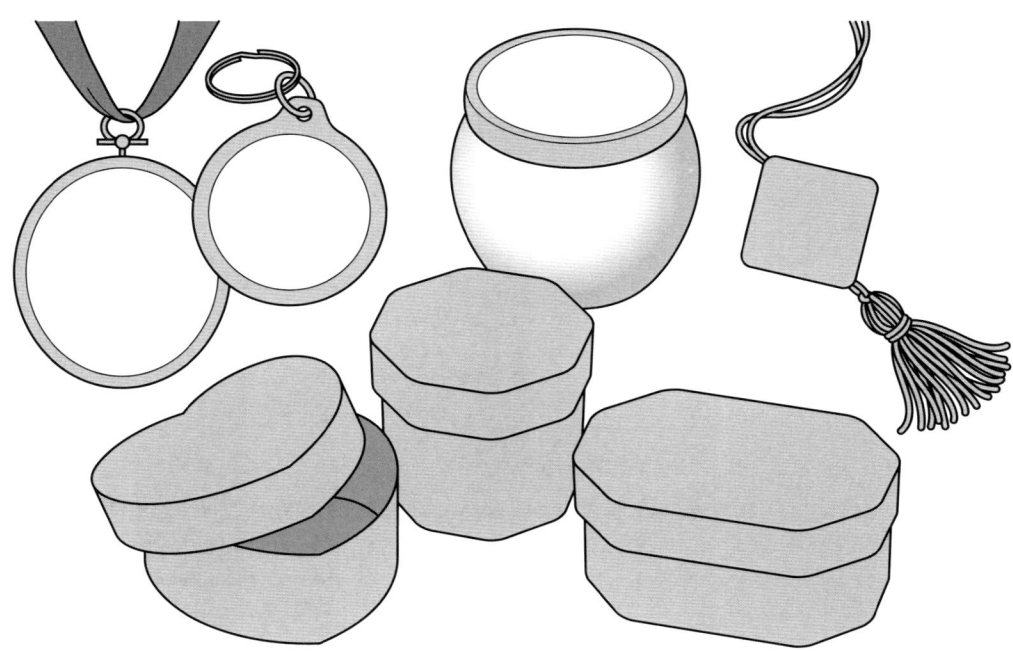

SEGUNDA PARTE

MÉTODOS Y TÉCNICAS DE PUNTO DE CRUZ

HISTORIAL

Al inicio de un proyecto, haz unos agujeros en una cartulina e inserta unos 7 cm (3") de hilo de cada madeja en un agujero distinto. Escribe el nombre del proyecto en el centro de la cartulina y después etiqueta cada agujero con el nombre del fabricante, el número del color y el símbolo del diseño. Así tendrás una referencia rápida mientras trabajes y un recuerdo muy útil cuando hayas acabado.

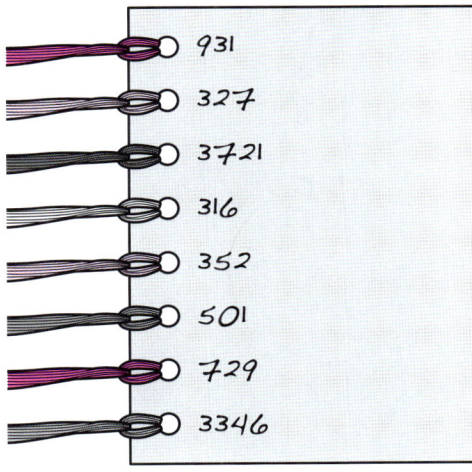

931
327
3721
316
352
501
729
3346

PREPARAR EL TEJIDO

Guarda la tela en una bolsa bien cerrada o en una caja y lávate las manos antes de tocarla. Cuando hayas cortado una nueva pieza, quitándole cualquier borde deshilachado, obsérvala con atención para detectar cualquier defecto en el entramado y después plánchala poniéndole encima un trapo limpio y seco (un trozo de sábana vieja bastará). Las arrugas más rebeldes pueden requerir la aplicación de vapor.

Arreglar los bordes cortados

El lino se deshilacha con facilidad, al igual que el cañamazo. El tejido Aida es más recio. Ahora bien, utilices el tipo de tela que utilices, deberías preparar los bordes para evitar que los hilos se enganchen al trabajar. Te proponemos algunas opciones:

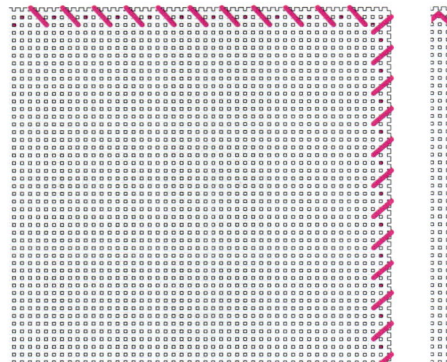

1 Haz puntadas en los bordes a mano con algodón de costura o incluso puedes hacer un dobladillo si lo prefieres.

2 Haz unas puntadas en zigzag en los bordes con la máquina de coser.

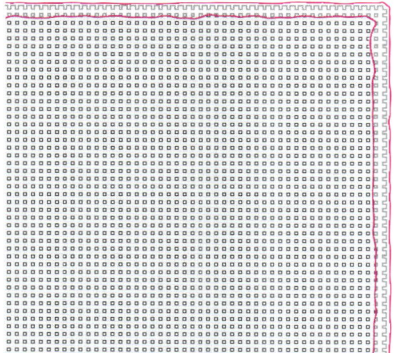

3 Aplica un líquido antideshilachado de manera uniforme y déjalo secar antes de ponerte a trabajar.

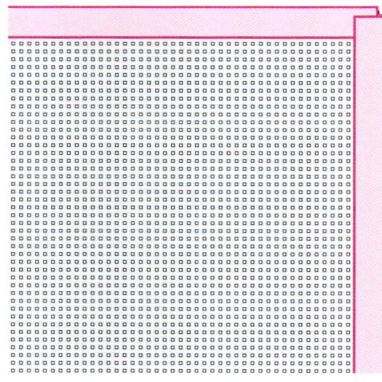

4 Crea un reborde con cinta adhesiva.

Con los puntos 3 y 4 hay que tener en cuenta que, más adelante, tendrás que cortar 1 cm (1/2") por todo el reborde. Las sustancias químicas y los adhesivos acabarán dañando la tela.

Orientaciones para hilvanar

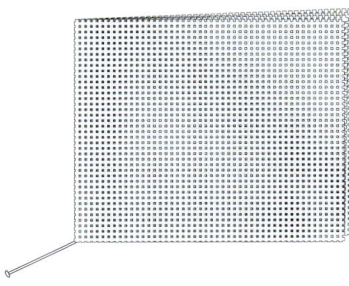

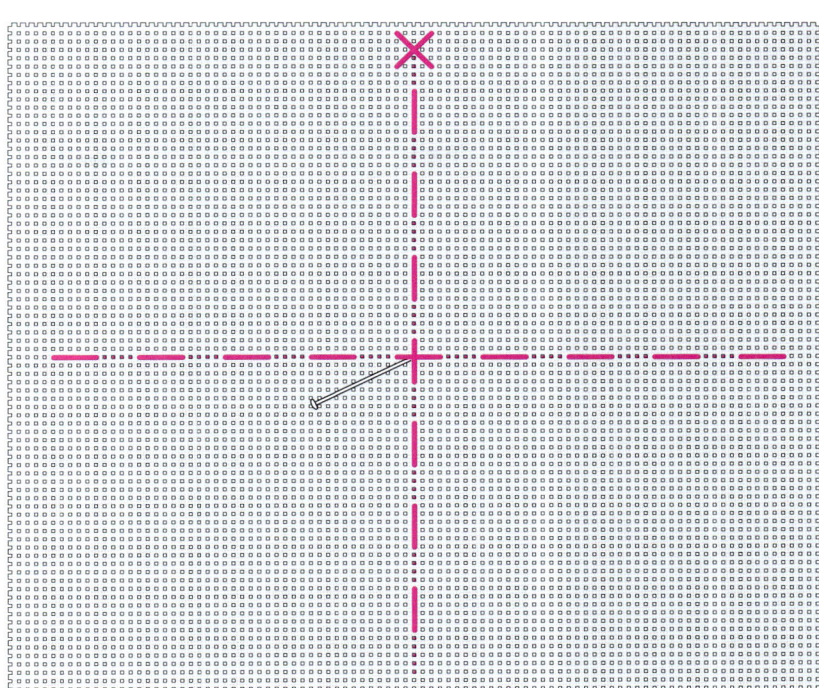

1 Dobla la tela por la mitad dos veces para averiguar el punto central. Dóblala con suavidad con los dedos y marca el centro con un alfiler.

2 Estira la tela e hilvana el doblez con un hilo de un color que contraste; este tipo de puntadas se corresponden con las orientaciones del dibujo (página 12). Si es posible, utiliza hilo de hilvanar de algodón porque después es más fácil de retirar.

Elige un lugar que quede fuera de la zona de trabajo y cose una X grande que te indique cuál es el lado derecho; la X estará en la parte superior.

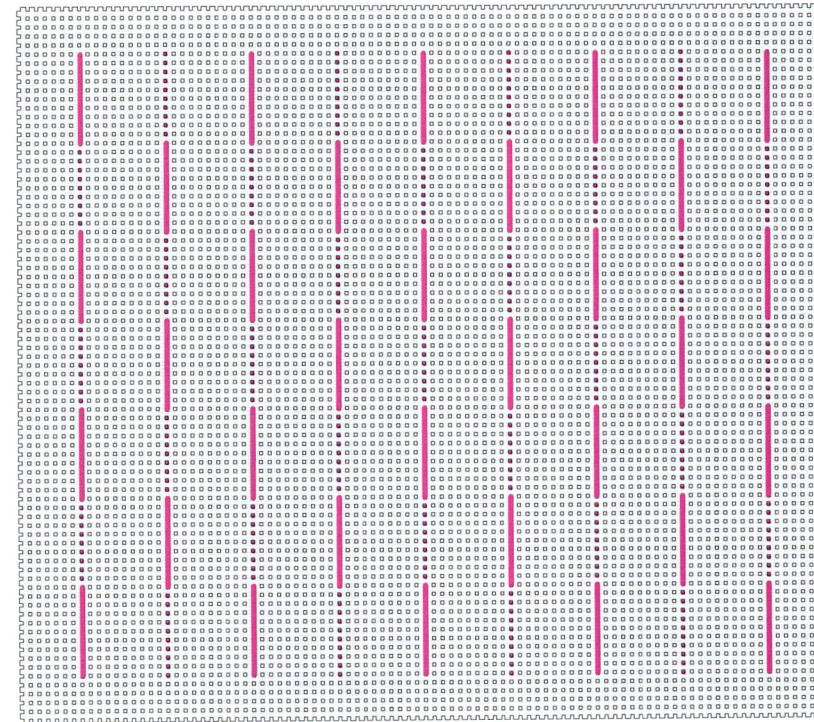

Marcar las cuadrículas

Además de marcar las dos líneas centrales con hilo hilvanado, también se puede marcar una cuadrícula entera contando cuadrados de 10 x 10. Vale la pena realizar esta tarea preliminar si se va a iniciar un proyecto grande, ya que ahorrarás tiempo y te orientarás mucho mejor, incluso si trabajas con un solo color en todo el diseño. Los errores a la hora de contar se minimizan porque nunca habrá que contar más de 10 agujeros hacia arriba, hacia abajo o hacia un lado.

Además, ya tendrás marcada la cuadrícula 10 x 10 en el dibujo para que sea más fácil (página 12).

PREPARAR LOS HILOS

¿Cuántas hebras?

Como regla general el número de hebras de algodón con las que trabajar debería ser acorde al grosor de un hilo extraído del borde de la tela. Muchas veces se utilizan tres o cuatro hebras en una tela de 11 agujeros, dos o tres hebras, en una de 14 agujeros y dos en una de 18.

¿Y un solo filamento?

Muchos diseños de punto de cruz tienen un pespunte que realza las formas. A menudo se realiza el pespunte en negro (no hay que confundirlo con un trabajo en color negro, *véase* la página 23) con solo uno o dos filamentos de algodón.

Separar y recombinar algodón en hebras

Múltiples hebras de algodón extraídas directamente de la madeja pueden producir puntadas con bultos, así que vale la pena separar las hebras, alisarlas, estirarlas y volverlas a juntar de nuevo para que *sigan la misma dirección*. Así se evitarán torceduras y enredos, y las puntadas quedarán más homogéneas.

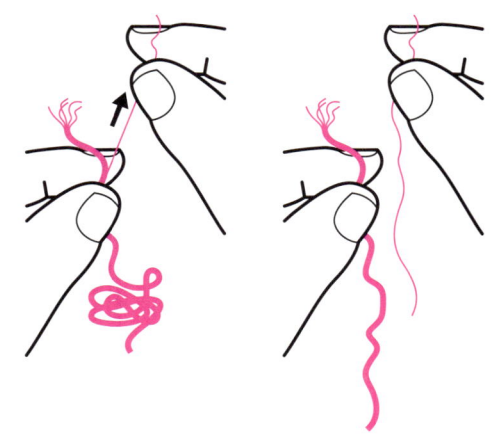

Toma una hebra con firmeza desde el extremo y estira con la otra mano hacia abajo, apretando el resto de los hilos hasta que solo un filamento se haya liberado del resto. Verás que los demás hilos suben hacia arriba y no se forma ningún nudo. Por último, estira todas las hebras y alísalas y vuélvelas a juntar.

Combinación de colores

Mezclar hebras de diferentes colores en la misma aguja se denomina combinación de colores o *tweeding*. Se consigue separando las hebras (véase arriba) y es una manera excelente de introducir efectos de textura y de crear colores extra sin tener que comprar más. Por ejemplo, con una hebra azul y una rosa crearemos el color malva. También hay un hilo metálico muy fino, llamado «filamento de mezcla», diseñado para combinarlo con hilo normal de algodón.

El filamento metálico y el hilo de algodón no se separarán si el filamento se enhebra tal y como se muestra a continuación. El hilo de algodón se enhebra después del modo usual.

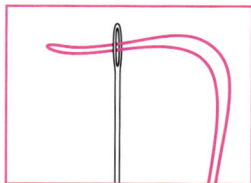

1 Doblar el filamento y enhebrar la aguja.

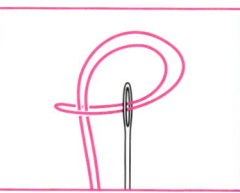

2 Insertar los extremos a través del hilo doblado.

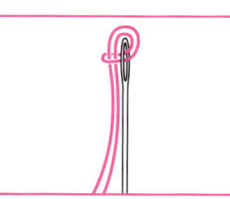

3 Estirar los extremos del filamento con suavidad para fijarlo al ojal de la aguja.

Organizador de hilos

Además de crear una cartulina con un historial de hilos (página 17), hay a quien le gusta fabricar algo parecido para utilizarlo a lo largo del proyecto. Corta un hilo de cada color con una longitud de trabajo (de unos 45 cm o 18") e insértalo doblado en los agujeros de la cartulina, donde ya estará listo para la aguja.

Los hilos metálicos suelen torcerse o romperse con mayor facilidad, así que es aconsejable cortarlos en longitudes más cortas (de unos 30 cm o 12"). También se deshilachan en los extremos, algo que puede evitarse con un líquido antideshilachamiento. Los extremos pueden prepararse por adelantado y ponerse en el organizador de hilos.

EMPEZAR Y REMATAR

A menos que el diseño indique lo contrario, empieza a trabajar desde el centro y ve avanzando hacia fuera, contando los cuadrados a medida que progreses. Salvo que hayas hilvanado la cuadrícula (página 19), planifica tu avance para evitar tener que contar muchos agujeros porque se corre el riesgo de equivocarse. Tampoco es bueno llevar los hilos por detrás muchos puntos porque al final se acaba notando.

Sin nudos

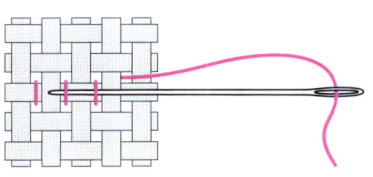

Si se realizan nudos en la parte de atrás, se acabarán notando bultos en la parte frontal cuando se planche y se monte el trabajo final. Incluso es posible que traspasen al otro lado del tejido por algún agujero si el cañamazo no es muy tupido. Así que, al empezar, empuja la aguja desde la parte trasera dejando unos 3 cm (1,5") de hilo atrás. Sostén el hilo que has dejado contra la tela al avanzar y enseguida quedará atrapado por las nuevas puntadas.

La forma correcta de rematar es llevar el hilo bajo tres o cuatro puntadas por la parte de atrás ya sea vertical u horizontalmente. Insertar el extremo alrededor de una de estas puntadas ayuda a fijarlo.

Nudos perdidos

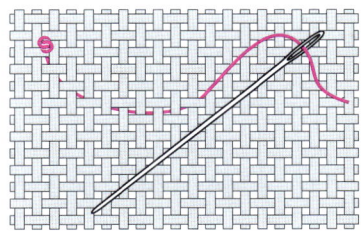

En primer lugar haz un nudo en el extremo del hilo y desde la *derecha* empuja la aguja a través de la parte de atrás, dejando el nudo en la superficie de la tela. A continuación, vuelve a atravesar la aguja unos 2,5 cm (1") desde el nudo y empieza a dar puntadas hacia él. Fija bien las puntadas para asegurarte de cubrir todo el hilo en la parte trasera. Cuando ya esté hecho, recorta el hilo desde la parte frontal.

Un «nudo perdido alejado» se realiza lejos de la zona de puntadas y no se cubre por ellas. Cuando se corta, se deja una cola más larga en el revés que se enhebra en una aguja y se teje.

Nudo de inicio o de alondra

Hay dos condiciones para empezar con este método: la primera es que hay que trabajar con un número par de hebras de algodón y, la segunda, que la longitud del hilo ha de duplicarse hasta llegar a los 90 cm (36").

Separa una hebra de algodón si estás trabajando con dos hebras (si trabajas con cuatro, separa dos; si trabajas con seis, separa tres).

Dobla la/s hebra/s y enhebra los extremos en la aguja.

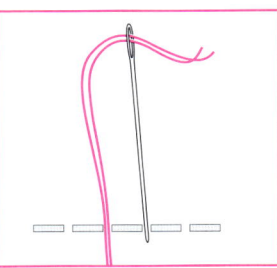

I Pincha la aguja a través de la tela desde el revés hacia el derecho y estira el hilo lo suficiente como para que se pueda hacer un nudo detrás.

2 Realiza un primer medio punto de cruz, insertando la aguja de nuevo en el revés y pásala a través del hilo doblado que habíamos dejado.

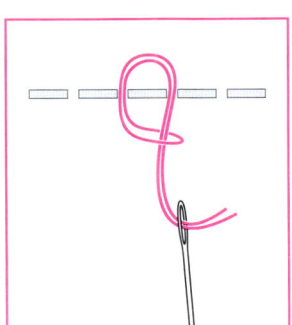

3 Al estirar el hilo el nudo se apretará contra la tela.

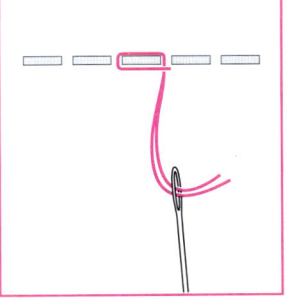

PUNTOS BÁSICOS

Punto de cruz

La regla más importante sobre el punto de cruz es que todas las puntadas superiores tienen que ir en la misma dirección. Da igual si es a derecha o a izquierda, pero tienen que quedar uniformes. Será de gran ayuda preparar primero la tela con una aguja redonda y gruesa y trabajar con hebras separadas y recombinadas (página 20) y punto de lazada (página 9).

Hay dos métodos para realizar el punto de cruz.

 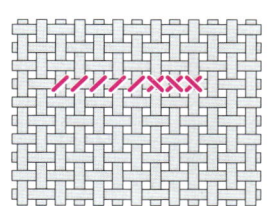

1 El método tradicional inglés completa cada X antes de avanzar a la siguiente.

2 El método danés realiza primero la mitad del punto de cruz y completa toda la fila al volver.

Para acabar con todos los hilos posicionados en líneas verticales en el revés, hay que hacer puntadas horizontales con el método danés y columnas verticales con el método inglés.

También hay dos estilos para dar las puntadas. Uno es el de «pinchar» o «empujar y estirar». No hay alternativa cuando se trabaja con un bastidor porque la tela queda demasiado tensada. Si se trabaja sosteniéndola con la mano, se puede manipular la tela con este método.

Puntadas fraccionadas

Se trata de un cuarto, un tercio y medio punto de cruz que se utilizan para suavizar los contornos o crear un efecto redondo en las esquinas. Sin embargo, también hacen que una zona muy espesa quede menos recargada o también para compartir un cuadrado con otro color, una variante de la combinación de colores.

El medio punto es igual que la media pasada en el método danés que mostramos en la izquierda.

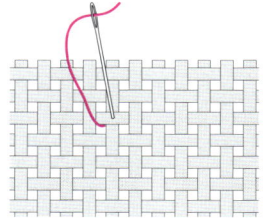

El cuarto de punto se hace tomando un hilo de la tela si se trabaja con cañamazo. En tela Aida se tiene que hacer como se muestra a la derecha.

Trabajando desde la esquina inferior izquierda, cruzar en diagonal e insertar la aguja en el centro sólido de un cuadrado Aida. Estirar el hilo desde el revés.

Tres cuartos de punto: en tejido Aida se realiza el primer paso como si se tratase de un cuarto de puntada y acaba tal como se muestra a la derecha.

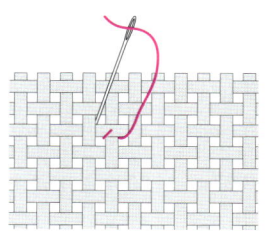

Desde la esquina inferior derecha, cruzar en diagonal e insertar la aguja en el agujero superior izquierdo. Estirar el hilo desde el revés de la tela.

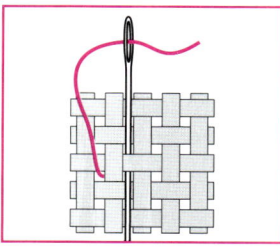 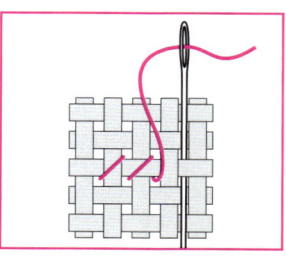 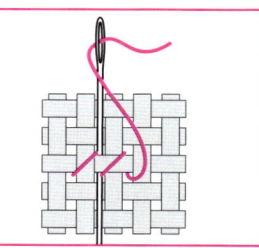 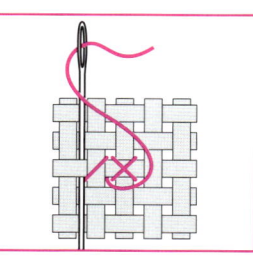

1 En la primera puntada, en un único gesto, inserta la aguja en la tela en la parte superior y extráela por el agujero inferior.

2 Repite la operación en el resto de la fila.

3 Cruza la última puntada en diagonal, insertando la aguja en el agujero superior y extrayéndola por el agujero inmediatamente inferior.

4 Repite en el otro extremo de la fila hasta que se completen todas las cruces.

Pespunte

El pespunte tiene muchas similitudes con el punto de cruz. Se utiliza para definir las zonas de punto de cruz y debería realizarse en el último momento, para mantener una línea ininterrumpida. Hay quien prefiere utilizar una aguja más fina para esta fase. Se trata de trazar una línea fina, así que el número de hilos o hebras para un pespunte suele ser uno o dos. La mayoría de las veces se utiliza un hilo negro, aunque no siempre tiene que ser de ese color. De hecho, quizá se consigue un efecto más sutil y bonito con una tonalidad más oscura del mismo color que la zona de punto de cruz que se pespuntea. Empieza y termina pasando el hilo por debajo de unas cuantas puntadas de punto de cruz en el revés de la tela.

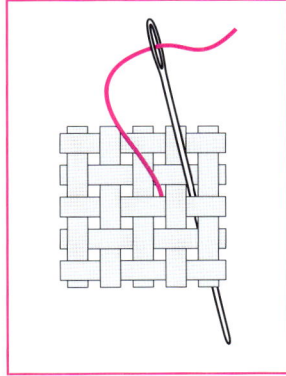

1 Insertar la aguja en un agujero *a la derecha* del punto del que salía.

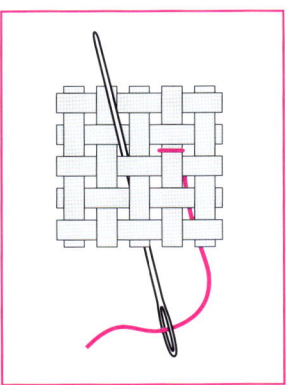

2 Llevar la aguja de vuelta a un agujero *a la derecha* de la puntada anterior.

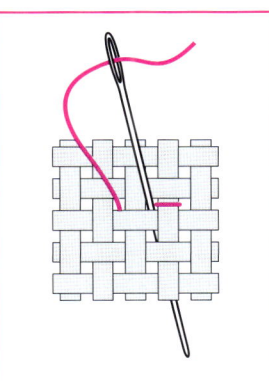

3 Volver a meter la aguja en el agujero donde acababa la puntada anterior.

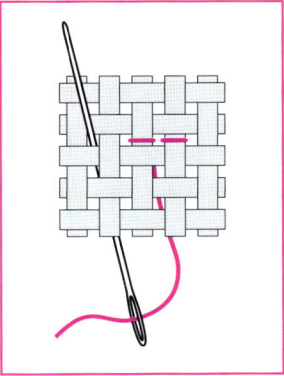

4 Volver a sacar la aguja por un agujero a la izquierda de la última puntada.

Punto Holbein

Se trata de un punto básico en la técnica de *blackwork* o bordado en negro. Se realiza como un pespunte pero, en realidad, está compuesto por dos pasadas de puntadas simples, en la que la segunda pasada vuelve y rellena los huecos que dejó la primera pasada. Así, la parte del revés queda más fina que cuando se realiza un pespunte y es ideal en trabajos en los que se ve el revés o que tienen doble cara, como puntos de libro o decoraciones navideñas.

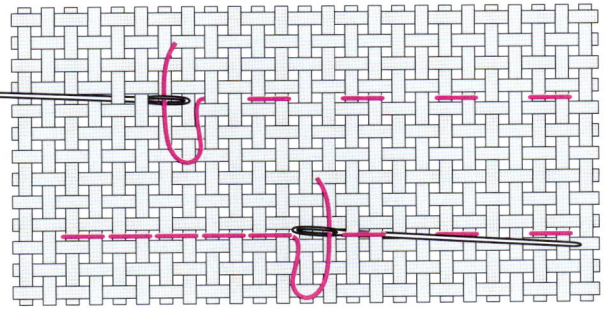

Blackwork o bordado en negro

Se trata de un tipo de puntada decorativa que se cree que Catalina de Aragón, la primera esposa del rey inglés Enrique VIII, llevó de España a Inglaterra. Con el tiempo se desarrolló siguiendo el estilo inglés de secciones de dibujos con punto de tallo con complejos patrones geométricos. El hilo originariamente empleado era seda negra con una capa de cera, y aunque en ocasiones se empleaba algún otro color como el rojo o el oro, casi nunca se empleaban juntos. El trabajo en bordado negro acabó cayendo en desuso en cuanto a ropa se refiere, pero siguió siendo muy popular en los muestrarios. En la actualidad, el trabajo con bordado en negro suele incorporar uno o dos colores secundarios.

HISTORIA DE LOS MUESTRARIOS

La palabra «muestrario» etimológicamente proviene de la palabra latina *mostrare*, que quiere decir «exhibir un modelo que puede ser copiado». Los muestrarios fueron los antecesores de los esquemas y patrones que más tarde se publicaron en revistas y libros. Se trataba de colecciones de motivos para hacer punto de cruz o bordar en telas del menaje del hogar y en la ropa. La primera referencia que existe data de 1502, en un extracto de unas cuentas para Elizabeth de York, esposa del rey inglés Enrique VIII: «*For an elne [sic] of lynnyn cloth for a sampler for the Queene*» [Una ana de tela de lino para un muestrario para la reina]. En la época una «ana» era una medida de longitud que se correspondía a 115 cm (45”).

Los primeros muestrarios ingleses se cosían en estrechas franjas de lino de unos 15-23 cm (6-9”) de ancho, que muchas veces coincidían con el ancho del telar en el que se tejían. La ropa era muy cara y los diseños se trabajaban por completo. Mostraban una variedad de puntadas en múltiples colores diferentes, hasta 20 distintos, con hilos de seda y metal.

Los alemanes produjeron el primer libro de muestrarios en 1523 y, para finales de siglo, el resto de países europeos había seguido el ejemplo. El muestrario más antiguo que se ha conservado fue el firmado y fechado por Jane Bostocke en Inglaterra, en 1598, y, sin duda, conserva la influencia de dichos diseños.

Durante el siglo XVII se puso de moda añadir un borde de diseño geométrico o floral y, a partir de 1650, se incluían inscripciones moralistas. La idea del muestrario como herramienta educativa ya se había introducido y, para entonces, se convirtió en una muestra de virtud y logro.

A lo largo del siglo XVIII, los muestrarios cambiaron a un formato cuadrado, con dibujos muy ornamentados, mapas e incluso tablas matemáticas, intentando demostrar la habilidad con la aguja y las manualidades.

Hacia finales del siglo XIX y de la época victoriana, la moda por los motivos trabajados con la aguja ya estaba muy arraigada. Se vendía papel agujereado con preimpresiones de motivos domésticos o rurales y un proverbio o citas de la Biblia. El punto de cruz era la manualidad dominante, y en los colegios y en las casas se afanaban por conseguir buenos resultados.

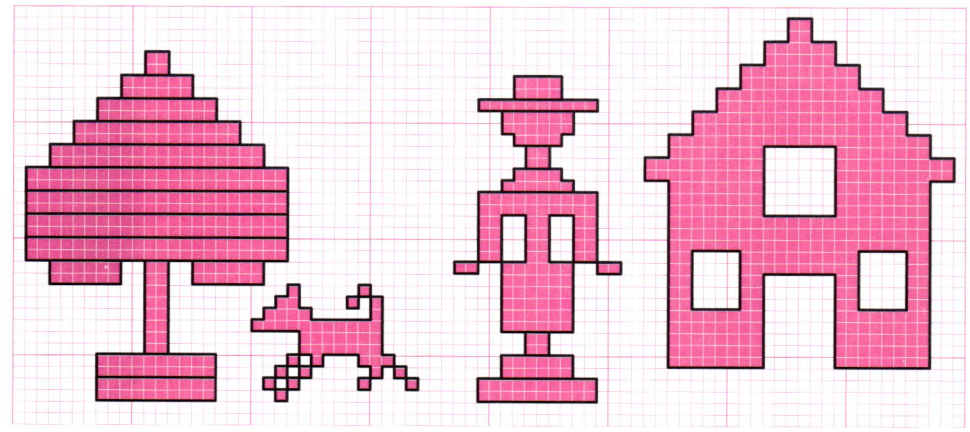

Cuatro motivos tradicionales de los muestrarios: un árbol, un perro, un hombre y una casa.

ALFABETO PESPUNTEADO

Un muestrario que expone un alfabeto y unos numerales con el mismo tipo de letra, diseñado para realizarse con pespunte y utilizando dos hebras de algodón de bordar. Este alfabeto también puede utilizarse para realizar inscripciones en recuerdos o para firmar y poner la fecha en el trabajo.

MOTIVOS POPULARES EN LOS MUESTRARIOS

Esta página contiene 15 motivos populares en un recuadro estándar de 10 x 10 para que sea fácil el conteo. Los que incorporan una línea con pespunte también se pueden elaborar sin el pespunte. Se pueden realizar en un único color o incorporando varios, en función del gusto de cada uno. También se pueden hacer de forma independiente o combinándolos en un diseño mayor.

PUNTO DE CRUZ CON ESTILO ASÍS

El estilo Asís es una técnica de bordado que proviene del siglo XIII del pueblo italiano que lleva el mismo nombre. Consiste en un motivo vacío (sin trabajar) rodeado por un pespunte o punto Holbein, con un fondo sólido de punto de cruz (para más información sobre la gran variedad de puntos de cruz, *véanse* las páginas 30-31).

En un principio, las monjas bordaban esos diseños para los tapetes que decoraban los altares de las iglesias, trabajando sobre lino con dos colores de hilo de seda. Normalmente el contorno del dibujo se bordaba en negro, con un fondo de punto de cruz en color rojo o azul. Más tarde se introdujeron también el marrón, el verde y el dorado.

Los temas formales son los que mejor encajan con la técnica de Asís, como bestias heráldicas y criaturas míticas. Tradicionalmente, las criaturas se disponían en parejas simétricas con bordes intrincados trabajados del mismo color que el fondo.

Para bordar una reproducción de esos diseños tradicionales, necesitarás una tela de cañamazo de lino tupida (de 28 agujeros o más). También la puedes teñir con un poco de té negro para darle un toque más antiguo. No escurras el tejido, pues lo mejor es que se seque de forma natural, poco a poco. Experimenta con el número de hebras para producir el efecto deseado, pero mantén los colores tradicionales. Si estás utilizando una tela «antigua», seguramente los tonos más suaves le darán ese toque más auténtico.

Desde luego, puedes tomar el estilo de Asís y aplicarlo de un modo más contemporáneo con hilos de colores combinados o cañamazo de color, o bien variar los motivos.

BESTIAS HERÁLDICAS Y CRIATURAS MÍTICAS

En esta página mostramos criaturas fantásticas en una cuadrícula estándar de 10 x 10. Se adaptan con facilidad en los proyectos de estilo de Asís si se dejan vacíos los cuadros del centro de la figura y se realiza un contorno con puntada Holbein, haciendo todo el fondo de punto de cruz. Para los característicos bordes de filigranas que se observan en los bordados de Asís, se pueden ver ejemplos en la página anterior o también en la página 40.

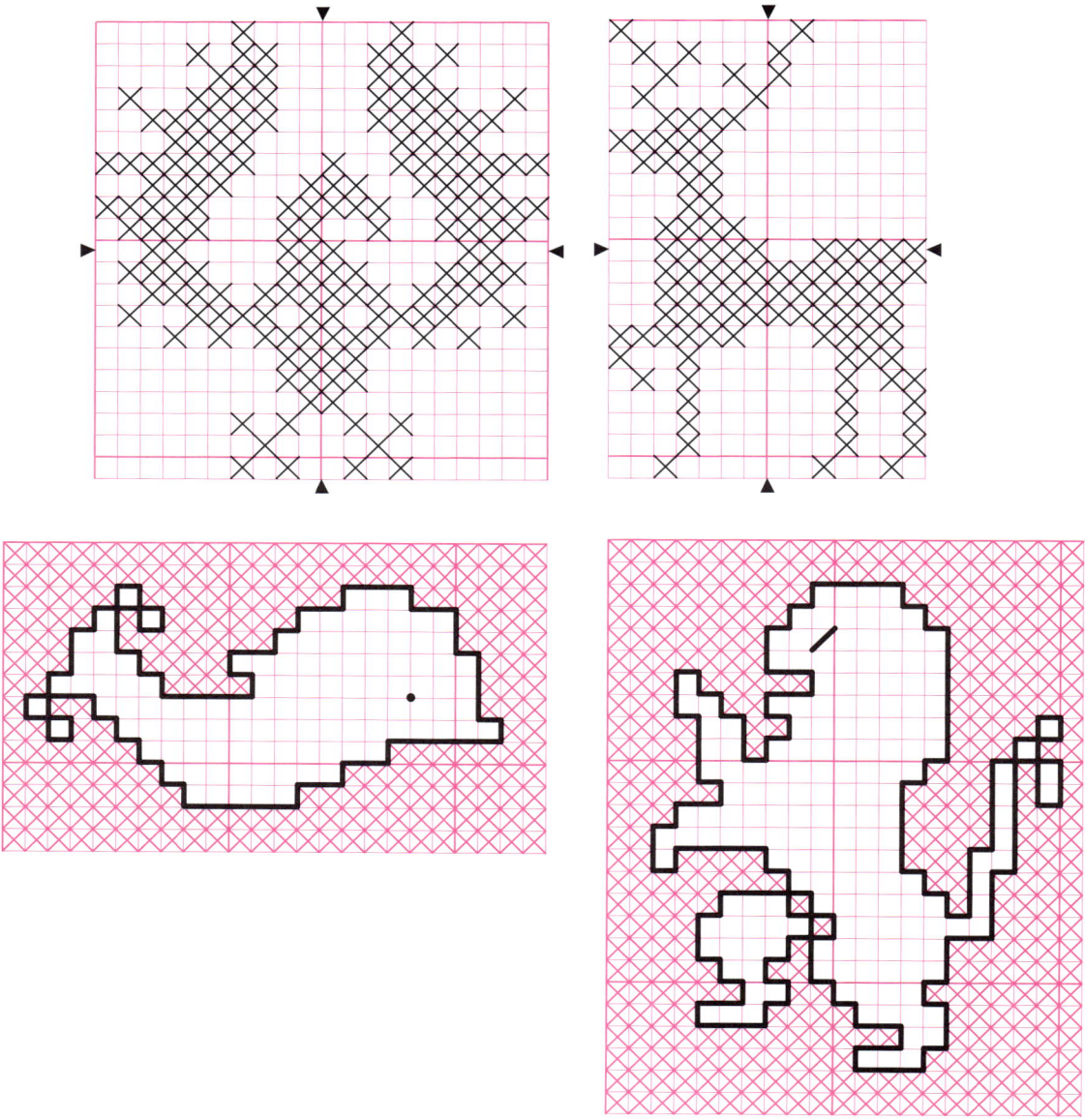

ALFABETO DE ESTILO ASÍS

Estas decorativas iniciales contrastan con el alfabeto realizado en pespunte de la página 25. Las letras también pueden dejarse vacías y trabajar el fondo con punto de cruz, tal y como dicta el estilo Asís.

VARIANTES DE PUNTO DE CRUZ

Estos diagramas muestran ejemplos trabajados en cañamazo. Para tela Aida, hay que contar la mitad de hebras que las que se indican y sustituir cuadrados. Todas esas puntadas pueden trabajarse de forma mayor o menor, aumentando o disminuyendo el número de hebras o cuadrados con los que se trabaja.

Punto de espina

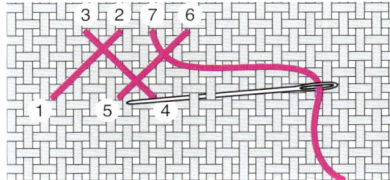

Haz una puntada en diagonal cuatro agujeros a la derecha y cuatro agujeros hacia arriba. Clava la aguja en la parte superior y extráela dos agujeros a la izquierda. Realiza la puntada en diagonal cuatro agujeros a la derecha y cuatro agujeros abajo. Clava la aguja en la base y extráela dos agujeros a la izquierda. Repite la operación hasta formar una hilera siguiendo los puntos que hemos marcado en el dibujo.

de espina enlazado

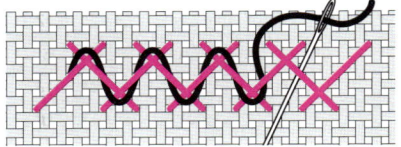

Trabaja haciendo una hilera con punto de espina. A continuación añade una segunda hebra de color, fijándolo en el revés y dando unas pasadas sobre puntadas ya existentes. Traspasa el cañamazo con la aguja y ve pasándola por debajo y por encima del punto de espina sin clavarla en la tela. Por último, insértala en el cañamazo y remata en el revés.

de estrella

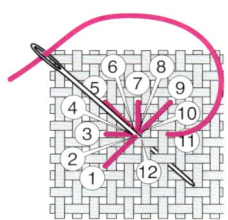

1 Inicia el punto en la base izquierda y trabaja ocho puntadas simples en el sentido de las agujas del reloj, con inicio en el agujero central y siguiendo los números del dibujo.

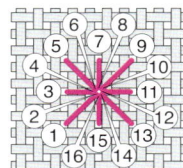

2 Estira bien las puntadas para crear un agujero central. No permitas que ningún hilo lo tape.

de cruz largo o punto eslavo

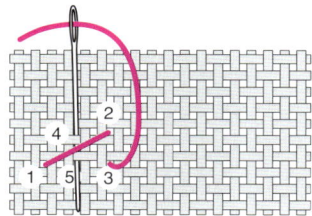

1 Siguiendo los números del dibujo, realiza las puntadas en una diagonal larga hacia la derecha. Clava la aguja en la parte superior y extráela por abajo. Cruza la puntada que habías hecho anteriormente. Una vez más, inserta la aguja en la parte superior y extráela por abajo.

2 Repite el proceso hasta formar una hilera, siguiendo los puntos numerados. Las hileras repetidas consiguen realizar un fondo muy atrevido, sobre todo si se está trabajando siguiendo el estilo de Asís.

de cruz doble

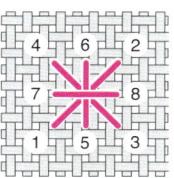

Empieza con la aguja en la parte izquierda de la base. Haz una puntada en diagonal cuatro agujeros a la derecha y cuatro agujeros arriba. Introduce la aguja en la parte superior y extráela cuatro agujeros por debajo. Da tres puntos más rectos, siempre con cuatro agujeros, tal como aparece en el dibujo.

de racimo

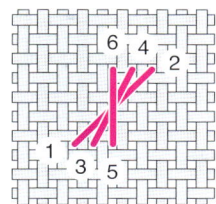

1 Inserta la aguja en la base. Haz una puntada en diagonal cuatro agujeros a la derecha y cuatro agujeros arriba. Inserta la aguja arriba y extráela un agujero a la derecha en la base. Trabaja dos puntos básicos más, siguiendo los números que se indican en el dibujo y terminando con una vertical.

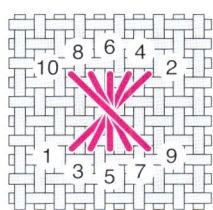

2 Haz dos diagonales más sobre la vertical, siguiendo la numeración.

3 Extrae la aguja, en el centro. Haz una puntada dos agujeros más a la derecha.

de cruz con cuadrado

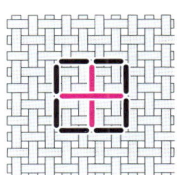

Trabaja un punto de cruz vertical con cuatro agujeros. Encuádralo con una formación cuadrada de ocho pespuntes u ocho puntos Holbein con dos agujeros cada uno.

de cruz de relleno

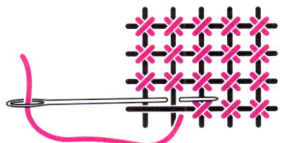

Realiza una cuadrícula con puntos sencillos y largos. Lleva la aguja en cada intersección y realiza un punto de cruz sobre dos o tres agujeros. Las cruces pueden realizarse con otro color. Es un buen punto para rellenar el *blackwork*.

de cruz entretejida

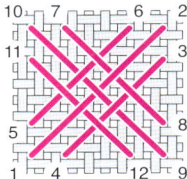

Insertar la aguja en la base. Hacer una diagonal ocho agujeros a la derecha y ocho agujeros hacia arriba. Insertar la aguja en la parte más alta y sacarla dos agujeros directamente por debajo. Trabajar tres puntos básicos más, tal como están numerados, antes de realizar los tres puntos finales por dentro y por fuera de los que ya habíamos realizado anteriormente.

de cruz atado

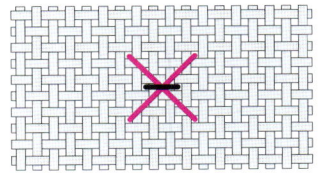

de arroz

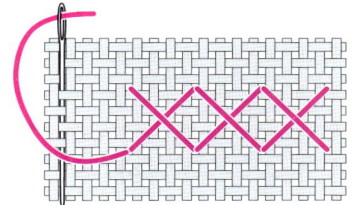

1 Inserta la aguja en la base. Haz una puntada en diagonal cuatro agujeros a la derecha y cuatro agujeros más arriba. Inserta la aguja en la parte superior y extráela cuatro agujeros directamente más abajo. Repite el proceso hasta formar una hilera y después vuelve, completando las cruces.

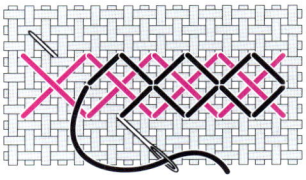

2 En un segundo color, haz un pespunte sobre cada media puntada de cada punto de cruz. Los pespuntes se trabajan sobre dos agujeros.

3 El punto de arroz forma un fondo muy llamativo para trabajos de punto de cruz de Asís, pero con un toque más contemporáneo.

Trabaja el punto de cruz con más de cuatro agujeros. Donde se cruzan las diagonales del punto de cruz, trabaja en sentido horizontal con más de dos agujeros de cañamazo. Realiza Una hilera de punto de cruz y después realiza las puntadas centrales con punto plano con un segundo color.

ALFABETO Y NUMERALES SIN REMATE EN LA BASE

Se trata de letras y números que no tienen la pequeña base que encontramos al final de algunos trazos verticales y horizontales en otros alfabetos realizados con fuente Serif (*véase* la página siguiente).

ALFABETO Y NUMERALES CON REMATE EN LA BASE

PUNTOS CON NUDO

Los nudos se indican en los gráficos como puntos rellenos. El nudo desempeña un papel importante en el punto de cruz, ya que es ideal para trabajar pequeños detalles en flores y caras. Sin embargo, a menudo resultan más difíciles de realizar que otros muchos puntos. Es obvio que necesitan práctica, pero también es esencial elegir la aguja correcta. Las agujas de tapicería tienen ojales grandes que no realizan buenos nudos, así que las agujas afiladas y finas de bordar se convierten en las mejores aliadas.

Nudo francés

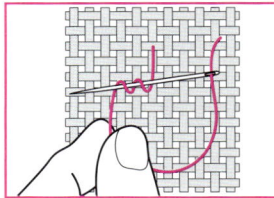

1 Enrolla el hilo alrededor de la aguja tantas veces como requiera el dibujo.

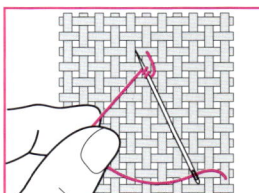

2 Sosteniendo la aguja con una mano, estira el hilo con suavidad hasta que el nudo quede prieto y empieza a deslizarlo hasta la punta.

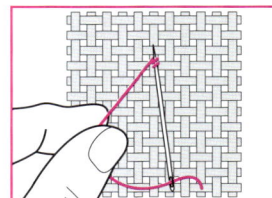

3 Inserta la aguja cerca del agujero por el que originariamente salió la aguja. En el cañamazo la distancia es de un agujero. En la tela Aida, el siguiente recuadro. Evita utilizar el mismo agujero o el nudo desaparecerá y se irá al reverso de la tela.

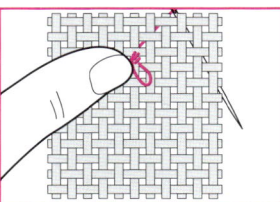

4 Sostén la tela con firmeza, presiona hacia abajo con el pulgar para sostener el nudo en su sitio y estira la aguja y el hilo con suavidad y seguridad, hasta el otro lado, dejando un nudo perfecto en la superficie.

Nudo con cuatro patas

Este nudo se puede utilizar individualmente o como puntada de relleno. Se ve bien en posición vertical o en diagonal.

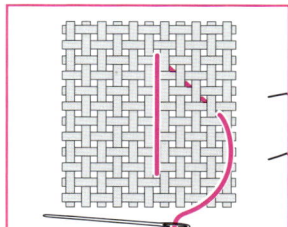

1 Realiza una puntada vertical contando ocho agujeros. Introduce la aguja en la parte superior y cuenta cuatro agujeros hacia abajo y cuatro hacia la derecha, para hacer las patas.

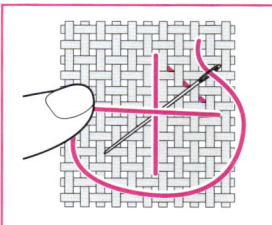

2 Sostén el hilo de manera vertical con el pulgar mientras llevas la aguja en diagonal desde la parte superior derecha hasta la base izquierda. El hilo quedará colgando debajo de la puntada vertical.

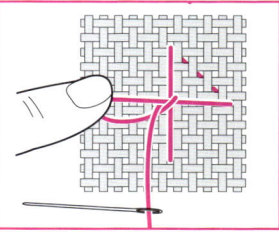

3 Estira la aguja y el hilo con cuidado hacia abajo, pasando por el círculo para formar un nudo, y apriétalo alrededor del centro de la vertical.

4 Clava la aguja cuatro agujeros a la izquierda, nivelándola con el nudo para completar la cruz.

TERCERA PARTE

DIBUJOS PARA BORDARLOS A PUNTO DE CRUZ

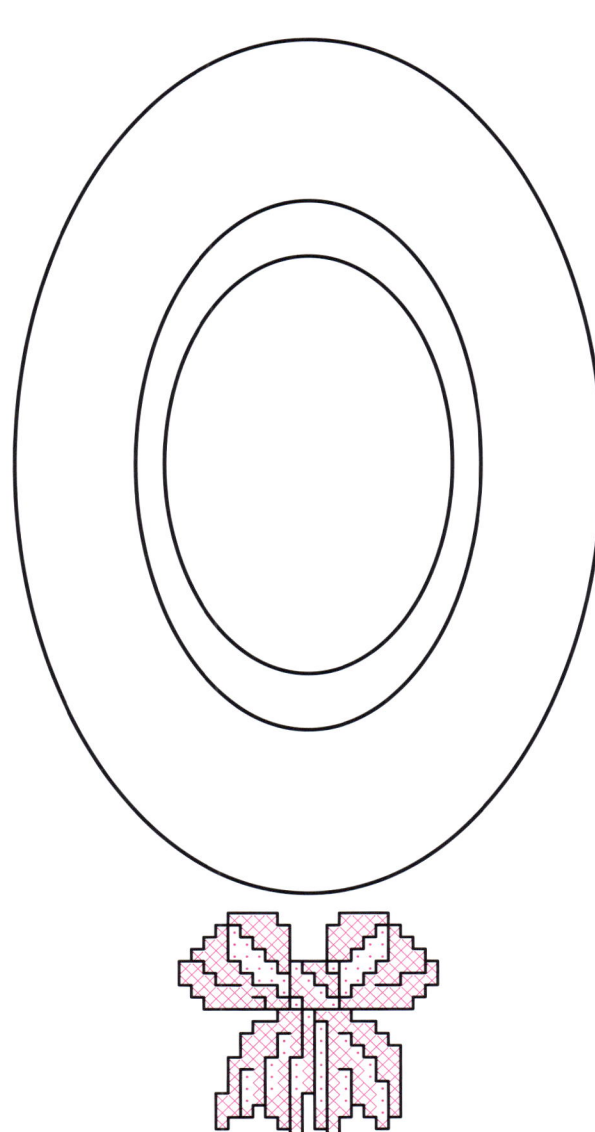

PLANTILLAS

Entre los elementos que podemos realizar en punto de cruz tenemos algunos ya preparados para ello (*véase* la página 16) y también cualquier objeto que tengamos o hayamos hecho, como un delantal, una bolsa o un cojín, o bien que hayamos comprado especialmente para bordarlo como un babero, un camino de mesa o fundas de almohada.

Traza, copia o escanea estos patrones para utilizarlos como marcos con punto de cruz, marcos de fotos o como marcos para tarjetas de felicitaciones. Recórtalos con cuidado en papel o en cartulina con pequeñas tijeras afiladas o con cúter. (Ten la precaución de cortar siempre desde tu otra mano, y nunca hacia ella.)

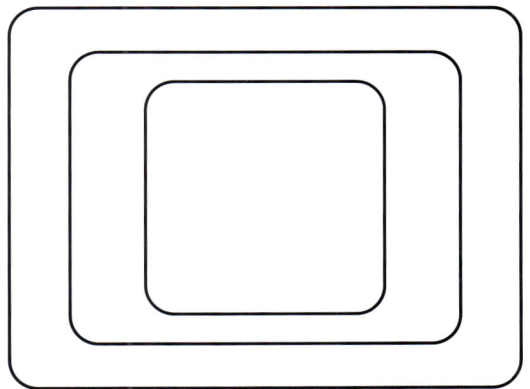

TARJETAS DE FELICITACIONES

Las ocasiones importantes se merecen se recordadas con tarjetas que se puedan guardar a modo de recuerdo. Incluso para un cumpleaños o el Año Nuevo, las tarjetas bordadas envían un mensaje muy especial.

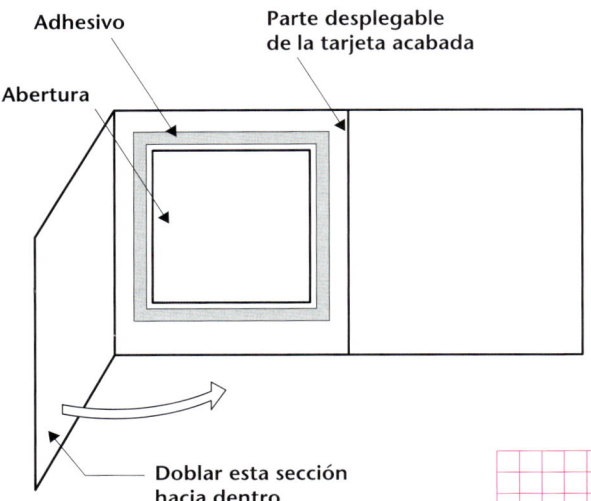

Adhesivo

Parte desplegable de la tarjeta acabada

Abertura

Doblar esta sección hacia dentro

Montaje de tarjetas de felicitación

Abre la tarjeta que has preparado y ponla boca abajo sobre una hoja limpia de papel. Coloca el trabajo en punto de cruz encima de la abertura de la tarjeta, utilizando las orientaciones de hilvanado de la página 19 para poder centrarlo. Corta los márgenes de tela para que quepan dentro de la tarjeta y elimina el hilvanado. Prepara la zona adhesiva con cinta de doble cara o pegamento para tela. Centra bien el bordado. Si es necesario, añade cinta o pegamento en los bordes del lado izquierdo antes de doblar la tarjeta para ocultar la parte del revés del bordado. Por último, presiona con firmeza.

Una mesa con luz inferior es útil para trazar los dibujos; utilízala para posicionar el trabajo con rapidez y precisión al montarlo en la tarjeta. Si no tienes una mesa con una luz apropiada, sitúate en una mesa de cristal y pon una lámpara debajo de la mesa. Verás cómo la superficie de trabajo se transforma radicalmente.

TIRAS DECORATIVAS

Tanto el cañamazo como la tela Aida están disponibles en una amplia gama de colores, en cintas estrechas con bordes ya rematados (*véase* la fotografía de la contraportada).

Con unas medidas que van desde los 3,5 hasta los 12 cm (1 ½-4 ¾ pulgadas) de ancho, estas cintas pueden adoptar multitud de funciones, como agarres para cortinas y cintas para adornar pasteles, cinturones o monederos. Mete hacia dentro los extremos cortados y forra el trabajo acabado con una cinta satinada ancha, planchada con el revés de la cinta de cañamazo con una entretela. Para que quede más asentada, la cinta de cañamazo y la cinta de satén pueden coserse a mano o a máquina.

Puntos de libro

Crea un punto de libro clásico con iniciales decorativas utilizando el alfabeto que proponemos aquí o el de la página 29. En primer lugar, hilvana las líneas orientativas (página 19) y recuerda dejar un margen en ambos extremos. Para rematarlo, forma un triángulo en una de las puntas y dobla las esquinas hacia dentro hasta que se junten en la parte central trasera. Dale una puntada para que no se separen. Por último cose una borla decorativa (página 39).

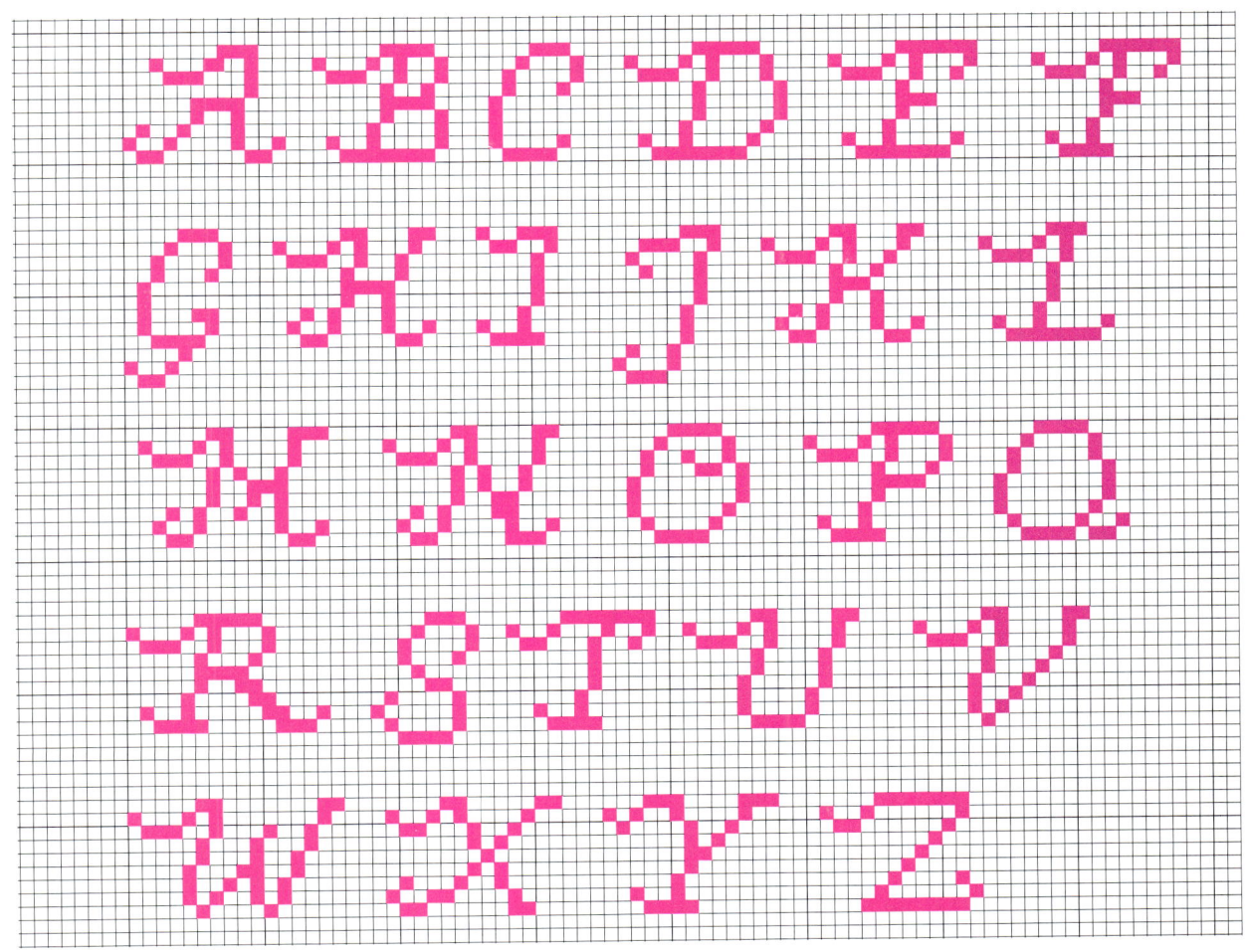

TRABAJAR CON MALLA PLASTIFICADA

La malla de plástico es ideal para dar forma a proyectos tridimensionales porque es fácil cortar formas y dejarla preparada para el punto de cruz. Lo único que se necesita es un par de tijeras que corten bien y algunas magníficas ideas.

La malla de plástico (página 11) se fabrica en numerosos colores y también en material transparente. A menos que el color de fondo forme parte del diseño, lo mejor es utilizar un plástico transparente. Se puede adquirir en tres formas diferentes: estándar, rígido y blando. El rígido es apropiado para objetos que requieran tenerse de pie, como marcos de fotos o cajas, mientras que los blandos son más apropiados para objetos flexibles, como pulseras o asas de bolsas. De los cuatro tamaños de malla que existen, el de 7 agujeros es el más popular y a menudo se trabaja con lana doble de hacer punto (estambre). De manera alternativa se puede utilizar hilo grueso perlé de algodón o 12 hebras de algodón de bordar con una aguja del 16 o del 18.

Decoraciones festivas

Dibuja las formas en una malla estándar con rotulador soluble en agua. Corta la malla y recorta cualquier protuberancia que sobresalga. Si se comete un error, siempre se puede arreglar con pegamento fuerte. Lava la malla para eliminar la tinta del rotulador antes de proceder a hacer el punto de cruz. Combina un filamento fino metálico de varios colores (*véase* la fotografía de la contraportada) con la hebra principal para darle un toque brillante, o bien utiliza hilo de lúrex. Remata con punto de festón (página 43) en los bordes, y añade pequeños abalorios si quieres darle más luminosidad.

Puedes hacer también asas con una cinta estrecha o trenzar tu propia cuerda (dibujo de la derecha). Corta dos longitudes de hilo de rayón o hilo metálico de bordar, de manera que tengas una longitud cuatro veces mayor que la longitud de la cuerda deseada. Ata ambos extremos y pídele a alguien que te sostenga una punta mientras insertas un lápiz en medio del otro extremo. Tensa la cuerda y empieza a trenzar. Cuando ya lleves un trozo, la cuerda se rizará a medida que relajes la

tensión. Pon el dedo en la mitad de la longitud, suelta un extremo y permite que se trence para que toda la cuerda quede por igual. Elimina cualquier retorcedura que haya en la parte que sostenías con el pulgar y el índice. Fíjalo con un nudo.

DISEÑOS EN MINIATURA

El bordado a pequeña escala será ideal para decorar todos aquellos pequeños objetos que los fabricantes ya preparan para el punto de cruz. También es ideal para que aprovechemos esos pequeños retales de cañamazo o trozos de hilos que nos sobran.

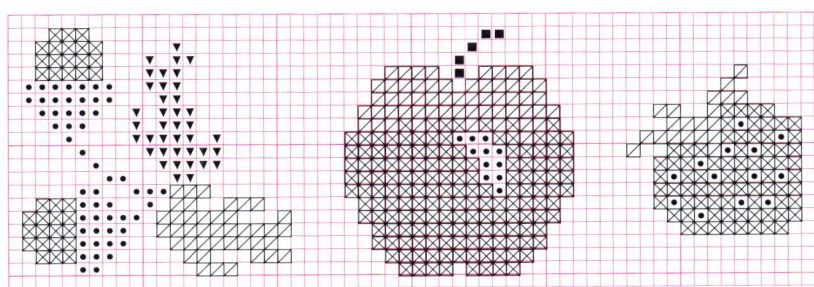

Joyeros, colgantes y llaveros

Haz tus miniaturas con punto de cruz en tela Aida de 16-22 agujeros, con dos hebras en una aguja de 26-28. En las tiendas suelen vender kits ya preparados que llevan una cartulina donde más tarde se coloca la tela. Se puede utilizar la cartulina para hacer la cuadrícula (página 19). Alinea los centros marcándolos con un alfiler y después dibuja con cuidado sobre la tarjeta. Corta la tela según la medida de la tarjeta y quita el hilván. Plancha el bordado bocabajo, pon el artículo dentro y fíjalo.

Adornos para tijeras

Borda dos cuadrados de 6,5 cm (2 ½") de tela Aida y presiona hacia abajo. Junta las piezas por el derecho y realiza un pespunte (página 23) alrededor de tres lados, dejando 6 mm (1/4 puntada) en la unión. Recorta bien las esquinas y dale la vuelta a toda la pieza. Rellena el cuadrado con un poco de relleno y, antes de cerrarlo con punto de festón (página 43), inserta los dos extremos de una cuerda de unos 40 cm (16") en un extremo. Haz puntos de festón por todo el reborde de los cuatro lados. Haz una borla (como la de abajo) y cósela en el extremo diagonalmente opuesto a la cuerda. Finalmente, inserta la cuerda por un asa de las tijeras.

Borlas

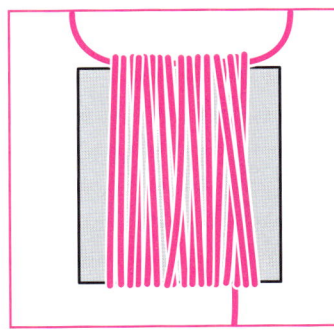

1 Envuelve con hilo el cartón. Pasa un hilo de unos 30 cm (12") de longitud debajo de las vueltas de arriba.

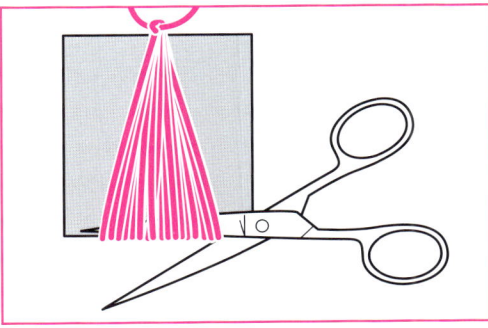

2 Ata el hilo con firmeza en la parte de arriba. En los extremos se podrá hacer un nudo o trenzarse más tarde; también pueden utilizarse para coser. Corta con las tijeras la parte de abajo.

3 Toma otro hilo largo y pásalo alrededor de las hebras ya sueltas para crear la cabeza de la borla. Remátalo con un nudo que quede firme. Enhebra los extremos del hilo en una aguja y remata bien en el centro de la borla.

BORDES Y ESQUINAS

Una característica básica de los muestrarios realizados con estilo de Asís es que los bordes se trabajan una vez se ha completado el diseño central. Un uso inteligente del color puede crear un efecto tridimensional. Para realizar este trabajo solo se necesitan una o dos hebras y quedará un trabajo fino en pespunte.

CUARTA PARTE:
PUNTOS BÁSICOS DE BORDADO

En esta sección podemos echar un vistazo a otros puntos de bordado a mano que normalmente no se relacionan con el punto de cruz. Aquí únicamente mostraremos los más sencillos y populares que se emplean en todo el mundo.

La historia y la geografía han tenido un papel privilegiado en el arte del bordado. Durante siglos, siempre que se contase con un algodón, lino o lana hilada, de una u otra forma el bordado florecía y, con el fomento de los viajes, los puntos de diferentes lugares se fueron extendiendo poco a poco.

El diseño de esta página se creó para aplicarse con el calor de la plancha en la década de 1950, pero tiene su origen en el bordado de lana del período jacobeo inglés, que recibía la influencia del estilo oriental y, a su vez, viajó hasta Estados Unidos con los primeros colonos.

Punto básico decorado

Incluso una hilera de punto básico puede parecer bonita y vistosa cuando se adorna con un segundo color. Fija el hilo a las puntadas ya existentes por el revés y pasa la aguja del revés al derecho.

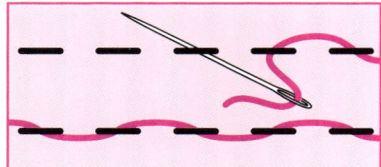

1 Enlaza el nuevo color pasando la aguja alternativamente por arriba y por debajo de las puntadas ya hechas sin agujerear el tejido. Prosigue hasta el final y remata por el revés.

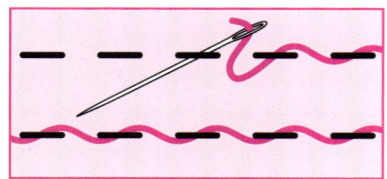

2 Cuidado con pasar la aguja por cada punto de arriba abajo únicamente, sin traspasar la tela hasta el final, cuando se remata por el revés.

Punto pasado

Se cree que su origen se sitúa en China, diseñado para alardear de los magníficos bordados de seda que se elaboraban. Trabaja con las puntadas muy cerca la una de la otra hasta cubrir la tela de debajo por completo. Inserta la aguja y extráela en el mismo ángulo; mantén unos contornos bien definidos.

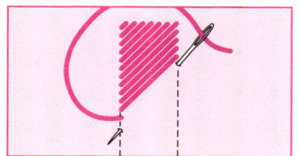
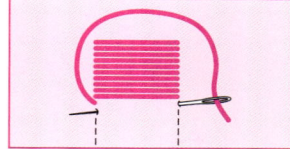

Punto de tallo

Es una variación muy útil del pespunte que se adapta bien tanto a las curvas como a las rectas.

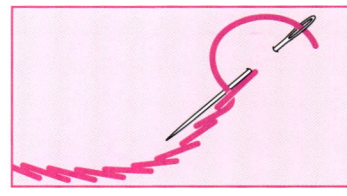

1 Haz un pespunte inclinado con la aguja sobresaliendo un poco por encima de la puntada anterior.

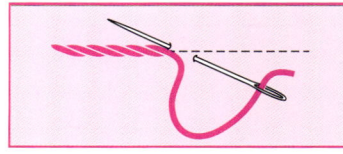

2 Crea un efecto más grueso, como si se tratase de una cuerda, insertando la aguja en un ángulo más inclinado y aumentando el número de hebras del hilo.

Punto de cadena

Un punto con lazadas que es perfecto para resaltar los contornos o para rellenar huecos. Se elabora mejor con tres o más hebras de algodón de bordar.

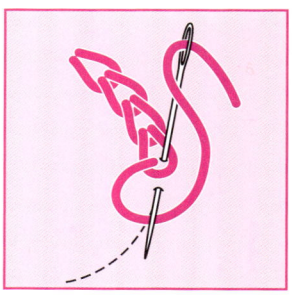
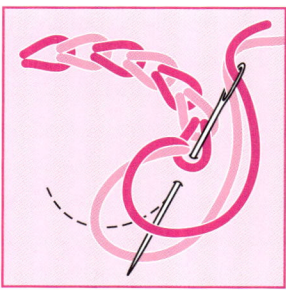

1 Extrae la aguja desde el revés y empújala de nuevo por el agujero de salida. Deja un bucle en el derecho de la tela y lleva la aguja hacia arriba a una corta distancia, por debajo del punto de inicio. Estira con suavidad hasta que hayas formando un nudo redondeado en la cadena.

2 Puedes enhebrar la aguja con dos colores y trabajar con puntos de cadena alternando entre ellos. Has de prestar atención, ya que deberás mantener la hebra que no estés utilizando por encima de la punta de la aguja.

Punto margarita

Se trata de un punto ideal para dibujar flores y hojas, ya que va muy bien para formar un círculo y tantos pétalos como se desee.

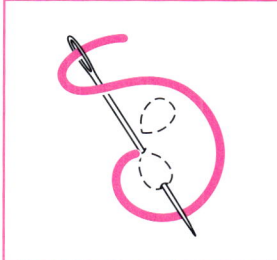 

1 Empieza igual que con el punto de cadena, pero haz solo un bucle.

2 En vez de hacer otro eslabón de la cadena, haz un pequeño punto que servirá de nudo para sostener el bucle en su punto más ancho. Vuelve a extraer la aguja al principio del siguiente pétalo.

Punto de ojal

Es una variante del punto de festón con la misma construcción de base. Como su nombre sugiere este punto se creó para sellar los bordes cortados de un ojal y evitar que el botón erosionase la tela. Hay que hacer las puntadas muy próximas las unas de las otras, como ocurre con el punto pasado. Se adecúa bien tanto a los bordes rectos como a los curvados; también se utiliza en el bordado de manteles tipo Madeira.

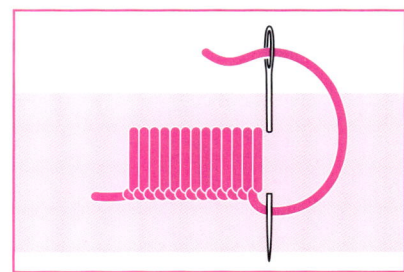

Punto de festón

Podemos pensar que este punto pertenece más al ámbito del bordado doméstico que al decorativo, y es cierto que se originó para rematar las mantas y las toallas. En la actualidad se utiliza más por motivos decorativos.

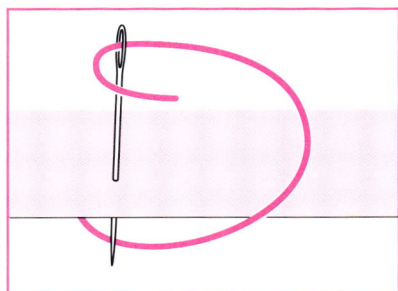 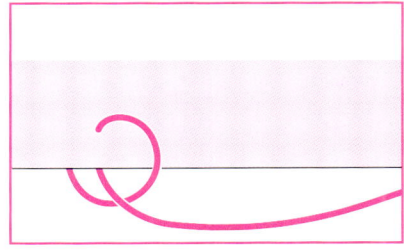 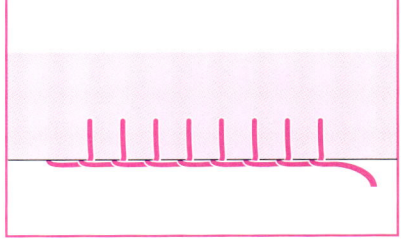

1 Fija el hilo por el revés y dale la vuelta por el extremo remetido de la tela. Inserta la aguja a la altura deseada del punto y a aproximadamente 1 cm (3/8") a la derecha y de nuevo directamente por debajo.

2 Pasa la aguja hacia delante por el bucle formado, de manera que nos quede un medio nudo; hay que apretar el hilo contra el borde.

3 Repite para formar una hilera y rematar con un medio nudo más en el bucle final antes de llegar al final de la tela.

ALFABETO CALIGRAFIADO

Este alfabeto imita la caligrafía manuscrita. Se puede utilizar tanto en punto de cruz como para ser bordado o realizado con punto de cadeneta.

LAVAR, MONTAR Y CUIDADO POSTERIOR

Lavar el bordado

Pese al cuidado que se tenga al manipular el tejido y los hilos, hay veces en el que el bordado a veces necesita una limpieza, sobre todo si tiene cierto tiempo. Siempre hay alguna reliquia familiar que limpiar o algún objeto bordado de segunda mano que hemos comprado.

La mayoría de los colores de bordado contemporáneos no destiñen, pero los más antiguos podrían decolorarse. Si se trata de hilos teñidos a mano, no cabe duda de que desteñirán. Los colores oscuros y todas las tonalidades de rojo son los colores con los que hay que tener más cuidado. Si tienes dudas, puedes hacer una pequeña prueba antes de lavar toda la pieza. Moja unos extremos de hebra en agua caliente unos minutos o presiona un algodón húmedo contra el trabajo en punto de cruz (preferentemente sobre el revés); si ves que los colores se extienden o hay manchas en el algodón, el bordado tendrá que lavarse en seco.

Si se te mancha la pieza con vino, tinta, grasa u óxido, hay varios quitamanchas que puedes probar antes de llevarlo a la tintorería. Ahora bien, sigue paso a paso las instrucciones de los productos.

El bordado debería lavarse solo con agua templada. Se pueden utilizar escamas de jabón puro o un detergente líquido apto para tejidos delicados. Elimina la suciedad presionando con suavidad y escurriendo. No frotes el punto de cruz. Enjuaga varias veces en agua fría antes de enrollar el bordado en una toalla limpia para eliminar el exceso de humedad. Desenvuélvelo y estira la pieza para que vuelva a su forma habitual.

Estira otra toalla (seca) en una superficie lisa o en un toallero aireado y pon la pieza plana para que el agua se vaya evaporando poco a poco de la superficie. No la seques con calor aplicado directamente ni con los rayos de sol.

Si la pieza se ha distorsionado un poco, intenta estirarla sujetándola con alfileres sobre una superficie blanda (por ejemplo, de corcho) utilizando alfileres inoxidables largos a intervalos frecuentes a lo largo del borde. Déjala así hasta que se haya secado por completo.

Planchado

El bordado siempre se tiene que secar boca abajo sobre una superficie limpia y acolchada, normalmente poniendo un trapo entre el revés del bordado y la plancha. Así se evitará que las puntadas se apelmacen y pierdan su textura. Hay que comprobar que tanto la posición de la plancha como el calor sean los correctos para el tejido. Si no se utiliza una plancha de vapor, humedece el trapo que se pone entre medio para combatir cualquier arruga.

El tratamiento al vapor ayuda a eliminar cualquier marca en un trabajo que se haya hecho con bastidor. Hay que sostener la plancha por encima del bordado, pasándola por encima hasta que la pieza haya quedado humedecida por igual. Después hay que estirar con cuidado para darle forma al trabajo y eliminar cualquier bulto que hubiera quedado por el uso de bastidor. Pon el bordado boca abajo de nuevo (sin presionar el tejido, de modo que puedas ver bien lo que estás haciendo), aprieta con la plancha encima y levántala de nuevo sin arrastrarla por el tejido. Deja que el tejido se enfríe donde está.

Montaje

Aunque hay quien lo lleva a enmarcar, el montaje de punto de cruz también se puede hacer en casa. Corta un cartón grueso o una espuma rígida. Los cartones reciclados y rígidos son una alternativa. Si se utiliza un tablón aglomerado, deberá estar cortado por un profesional. Si se quiere utilizar un cartón normal o una espuma se puede utilizar un cuchillo afilado (los que no están afilados son más peligrosos) junto con una regla metálica y una regla de cortar. Ten cuidado con los dedos.

Hay gente que prefiere poner un poco de acolchado a la hora de enmarcar el trabajo. Corta la guata del tamaño exactamente igual que el cartón donde lo vayas a montar. Si utilizas un tablón, monta el tejido contra el lado más áspero.

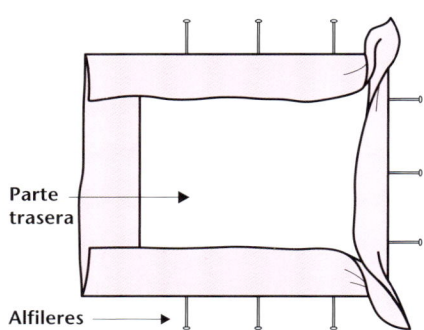

Parte trasera

Alfileres

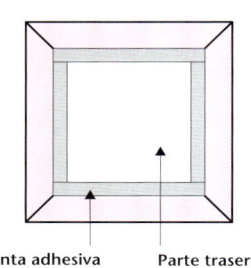

Cinta adhesiva   Parte trasera

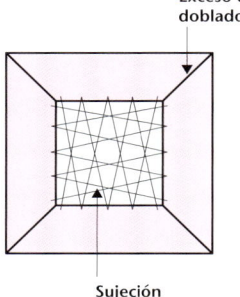

Exceso de material doblado

Sujeción

1 Pon el bordado boca abajo y pon el tablero de montaje encima, si se quiere con guata entre medio. Dobla el tejido y pon unos alfileres largos en los bordes del tablero. Gíralo y comprueba que haya quedado como deseas. En ocasiones hay que poner los alfileres varias veces. Hay que asegurarse de que los bordes del tablero se alineen con los cuadrados del cañamazo para que no parezca torcido.

2 El tablero no admite alfileres, así que hay que poner cinta adhesiva para fijarlo. Si no quieres atarlo, dobla bien las esquinas, estira el tejido para que quede tenso y pon la cinta sobre la tela doblada para dentro, para que quede fijada al tablero. Ten en cuenta que la cinta adhesiva al final se acaba despegando y suele dejar restos pegajosos, así que nunca se ha de utilizar en una zona bordada.

3 Dobla las esquinas del tejido y empieza a coser en la zona posterior, desde el medio de uno de los lados más cortos. Utiliza un hilo fuerte y haz unos puntos gigantes de espina (página 30) de lado a lado para evitar que haya presión sobre un único hilo de la tela. Mantén el hilo lo bastante apretado como para que la superficie quede tensada, pero sin distorsionar el bordado. Repite la operación en los otros dos lados.

Cuidado posterior

Como ocurre con otros tejidos, los grandes enemigos de los bordados son la suciedad, la humedad y las plagas de insectos. Si la pieza se muestra sin cristal, necesitará limpiarse el polvo. El polvo se sitúa enseguida sobre el bordado y puede absorber humedad, lo que hará que aparezca moho. Para evitarlo lo mejor es utilizar una aspiradora con una boquilla de succión ajustable. Cubre la boquilla con una media de nailon y ponla cerca del bordado, pero sin que llegue a tocarlo. Los detalles más pequeños pueden cepillarse con un pincel seco, limpio y blando.

Si la pieza está guardada, hay que comprobar de forma regular que no haya polillas. Agítala y vuélvela a doblar, pero de un modo diferente para evitar arrugas también. El almacenaje a largo plazo requiere que el tejido se guarde limpio, no almidonado (a los pececillos de plata les encanta el almidón), poniendo entre medio un papel blanco libre de ácidos. Enróllalo también en ese papel. No guardes las manualidades en habitaciones poco ventiladas o húmedas, como buhardillas, bodegas, armarios o baúles que casi nunca se abran.

TÉRMINOS

Aguja de jareta: Gran aguja con punta redondeada para insertar lazos y cuerdas.

Agujeros: Número de hebras por 2,5 cm (1") en una tela.

Aida: Tela para punto de cruz con una construcción regular y agujeros visibles.

Alfabetos: Letras y numerales que se utilizan en muestrarios y monogramas.

Algodón mercerizado: Hilo tratado con hidróxido de sodio para reforzarlo, añadirle lustre y hacer que sea más fácil teñirlo.

Algodón suave: Hilo no mercerizado de algodón, no divisible y con acabado mate.

Asís: Técnica de bordado del siglo XIII originaria del pueblo italiano del mismo nombre.

Bastidor: Marco con aros circulares concéntricos para mantener tenso el bordado. También puede ser cuadrado.

Binca: Tela de cañamazo de gran escala con baja densidad para que la utilicen los niños.

Blackwork: Bordado decorativo, originariamente en seda negra, que se llevó de España a Inglaterra durante el período Tudor.

Bordado con conteo de hilos: Técnica de bordado decorativo sobre un número predeterminado de hilos en la tela.

Bordado libre: Una forma de bordado sobre una superficie que no está regulada por agujeros.

Cañamazo: Tejido de lino o algodón con el mismo número de hilos por pulgada (2,5 cm), contados en vertical y en horizontal.

Cinta: Tira estrecha de cañamazo con un adorno.

Cruz entretejida: Variante del punto de cruz.

Cuadrícula: La base de un gráfico o patrón, en el que cada cuadrado representa un punto.

En la mano: Sostener la tela en la mano mientras se dan las puntadas, sin utilizar bastidor, de manera que se puede coser más que pinchar con la aguja.

Filamento metálico: Hilo metálico fino que se combina con hilo Mouliné.

Gráfico: Guía detallada para hacer las puntadas y poder contar los puntos, normalmente en forma de cuadrícula.

Guata (acolchado): Material utilizado para acolchar la tela ya montada.

Leyenda: Lista de símbolos y colores asociados que aparecen en los gráficos de punto de cruz.

Lino: Tela tejida con elevada densidad y con hilos de un grosor irregular.

Líquido antideshilachado: Líquido o aerosol para evitar que los bordes cortados se deshilachen.

Lona de bordar: Algodón o lino entretejido y almidonado en tamaños de cuatro agujeros.

Lona mono: Malla de un único hilo.

Marco: Rectángulo para mantener tensada la tela mientras se borda.

Metálicos: Hilos que incorporan fibras metálicas y textiles.

Moldear: Estirar y fijar la tela para darle forma.

Montaje: Estirar y montar el trabajo final.

Motivo: Un único elemento de diseño.

Nudo de alondra (nudo de inicio): Técnica para fijar el hilo al inicio del bordado.

Nudo de inicio (nudo de alondra): Técnica para fijar el hilo al inicio del bordado.

Nudo francés: Punto de bordado que se utiliza para pequeños detalles.

Nudo perdido: Se empieza el nudo lejos de la zona de bordado y más tarde se corta.

Papel perforado: Cartulina fina perforada, de modo que los agujeros forman una cuadrícula que imita las tarjetas y los motivos bordados de estilo victoriano.

Perlé: Hilo brillante, con dos hebras trenzadas y no divisible.

Pespunte: Se utiliza para realizar el contorno o definir las zonas de punto de cruz.

Punto de cruz doble: Variante del punto de cruz.

Punto de cruz largo: Variante del punto de cruz.

Punto de espina: Variante del punto de cruz.

Punto de estrella: Variante del punto de cruz.

Punto de ojal: Sirve para rematar tanto los bordes rectos como los curvados y se utiliza en el bordado de manteles de estilo Madeira.

Punto de relleno: Variante del punto de cruz.

Punto Holbein: Se utilizaba en la técnica *blackwork* y la de Asís y estaba formado con dos pasadas de punto básico.

Puntos fraccionados: Un cuarto, medio y tres cuartos de punto de cruz.

Punzón: Pequeña varita puntiaguda de metal o madera para suavizar los hilos.

Reborde: Borde decorativo bordado en torno a un diseño.

Tejido dúo o Penélope: Malla de doble hilo.